EXERCICES
SUPPLÉMENTAIRES

DE LA

PETITE GRAMMAIRE DES ÉCOLES PRIMAIRES

SUIVIS

de sujets de narrations et de lettres, et d'une table des locutions vicieuses

A L'USAGE

des Enfants des campagnes et des Élèves
des cours d'adultes

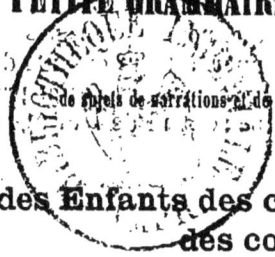

PAR

M. L. LECLAIR

PROFESSEUR AGRÉGÉ DE L'UNIVERSITÉ
AUTEUR DE LA MÉTHODE D'ENSEIGNEMENT UNIFORME DES LANGUES ANCIENNES
ET MODERNES.

« Nous pouvons affirmer que l'élève qui aura
fait les Exercices de ce livre, et ceux de la *Petite
Grammaire des Écoles*, possédera les notions véritablement utiles de l'orthographe. »

PARIS
LIBRAIRIE CLASSIQUE D'EUGÈNE BELIN
RUE DE VAUGIRARD, Nº 52.

AVERTISSEMENT

La *Petite Grammaire des écoles primaires* a reçu, dès son apparition, le plus favorable et le plus sympathique accueil.

Les félicitations qu'un grand nombre de Maîtres ont bien voulu nous adresser, nous ont montré que nous n'avons pas fait fausse route en pensant qu'il faut donner à leurs enfants des règles simples et précises, appuyées d'exercices faciles et pratiques. Les exceptions et les nuances ne sont ni de leur âge ni de leur condition.

Toutefois on nous a exprimé deux regrets :

Le premier, que la *Petite Grammaire* n'eût pas un volume de corrigés, pour les élèves moniteurs.

Le second, que nous n'eussions pas publié un volume d'*Exercices supplémentaires*. On nous faisait cette remarque judicieuse que si les exercices de la *Petite Grammaire* suffisent à une première année, ils sont peut-être trop courts pour des élèves plus avancés, et surtout pour les élèves des cours d'adultes.

Ces *Exercices supplémentaires* ont été composés dans le même esprit que la Grammaire : notre but a été d'*être utile* et d'*intéresser*. Nous avons donc choisi nos phrases et nos sujets dans un ordre d'idées conforme aux occupations de nos jeunes lecteurs : morale, agriculture, biographies des bienfaiteurs de l'humanité ; en cela notre tâche était d'autant plus aisée, que nous suivions les prescriptions ministérielles ; nous avons jugé utile, en certains endroits de ce livre, de compléter la Grammaire par l'addition de quelques règles ; les homonymes sont des mots d'un usage fréquent et d'une orthographe assez délicate, nous n'avons pas craint d'y consacrer plusieurs exercices. Enfin, pour compléter notre tâche, nous avons cru qu'il ne serait pas sans utilité de donner à l'élève quelques sujets à traiter ; ces devoirs de style, en lui permettant d'appliquer les notions orthographiques qu'il possède, l'habitueront à exprimer ses idées et à développer sa pensée.

Nous n'hésitons pas à affirmer, en terminant, *que l'élève qui aura fait les Exercices de ce livre, et ceux de la Petite Grammaire des Écoles, possédera les notions véritablement utiles de l'orthographe.*

Saint-Cloud. — Imprimerie de Mme Ve Belin.

EXERCICES SUPPLÉMENTAIRES

DE LA

PETITE GRAMMAIRE DES ÉCOLES PRIMAIRES.

LE NOM OU SUBSTANTIF.

COMMENT ON FORME LE PLURIEL DES NOMS.

EXERCICE 1.

[Mettez tous les noms au pluriel. — Règle générale, *Gr.* § 32.]

1. Les (*carotte*), les (*oignon*) et les (*artichaut*) sont de bons (*légume*).

2. Les (*œillet*), les (*rose*) et les (*jacinthe*) sont des (*fleur*) odoriférantes.

3. J'aime mieux les (*porc*), les (*poulet*), les (*dindon*) et les (*faisan*) que les (*loup*), les (*renard*), les (*fouine*), les (*belette*) et les (*pie*).

4. Préférez-vous les (*abricot*), les (*pêche*), les (*brugnon*), les (*figue*) et les (*amande*) aux (*poire*), aux (*pomme*), aux (*nèfle*), aux (*cerise*) et aux (*groseille*) ?

5. Le pays que nous habitons est sillonné de (*sentier*), de (*chemin*) et de (*route*) ; ces différentes (*sorte*) de (*voie*) sont bordées de (*haie*) ou de (*mur*).

6. Les (*pré*), les (*champ*), les (*verger*) et les (*vigne*), groupés comme par la main d'un artiste, forment un ravissant paysage.

7. Les hautes (*futaie*) de nos (*climat*) sont composées surtout de (*hêtre*) et de (*chêne*).

8. Les (*chute*) d'eau, suivant leur importance croissante, reçoivent les (*nom*) de simples (*chute*), de (*saut*), de (*cascade*) et de (*cataracte*).

9. Les (*plante*) appelées (*prêle*), (*jonc*), (*ruban*) d'eau, peuplent les (*marécage*).

10. Les (*labour*), les (*ensemencement*), les (*hersage*), les (*binage*) et les (*sarclage*) sont les principales (*façon*) que l'on fait subir aux (*terre*).

11. Quand les (*clocher*) des (*église*) ont la forme de (*pyramide*) pointues, on leur donne le nom de (*flèche*).

12. Quand la moisson a été bonne, les (*grange*), les (*hangar*),les (*remise*), les (*grenier*) sont combles ; on est même souvent obligé de construire des (*meule*) au milieu des (*champ*).

13. Les (*nid*) des (*pinson*) et ceux des (*fauvette*) sont construits avec un art admirable ; les plus habiles (*architecte*) n'élèvent point de (*monument*) aussi parfaits que ces (*produit*) de l'instinct maternel.

[Mettez tous les noms au pluriel. — Noms en *s, x, z*. Gr. § 33.]

14. Les (*perdrix*) ont une vive tendresse pour leurs petits.

15. Ma mère a rapporté du marché des (*salsifis*), des (*pois*), des (*radis*), des (*panais*) et des (*pissenlit*).

16. Un jardinier doit souvent visiter ses (*semis*).

17. Dans notre pays, on ne trouve pas les (*lis*) dans les (*bois*), mais seulement dans les (*parterre*).

18. Retenez bien que les (*noix*) trop vertes ne valent rien.

19. Il y a toujours eu des (*souris*) en Europe ; mais ce n'est guère qu'à partir du seizième siècle qu'on y a vu des (*rat*).

20. Les (*débris*) de cette maison, détruite par un incendie, jonchaient le sol.

21. Les (*engrais*) les plus importants pour les (*villageois*) de nos (*pays*) sont les (*fumier*), les (*débris*) des animaux morts et les (*résidu*) des (*fabrique*).

22. Les (*voix*) de basse-taille ne sont pas rares à la campagne

23. Les (*lapin*) se construisent des (*terrier*) dans les (*taillis*).

[Noms en *au, eu, ou*. — Gr. §§ 34, 35.]

24. Les (*hibou*) sont des oiseaux plutôt utiles que nuisibles à l'agriculture, on devrait donc s'abstenir de les pourchasser comme on le fait trop souvent.

25. Les (*lézard*) gris passent l'hiver dans des (*trou*) qu'ils savent se creuser dans la terre.

26. Les (*verrou*) ont été inventés avant les (*serrure*).

27. Une dame romaine, Cornélie, disait que ses deux (*fils*) étaient ses (*bijou*) les plus précieux.

28. Un sou et un sou font deux (*sou*).

29. Les (*matou*) font un sabbat infernal sur les (*toit*).

30. Les (*bambou*) sont de gros roseaux qui croissent dans l'Inde et en Chine.

31. Les (*glouglou*) de la bouteille réjouissaient les (*buveur*).

32. De nombreux (*troupeau*) broutaient sur ces (*colline*) le thym et le serpolet.

33. Les (*oiseau*) nous charmaient par leur ramage.

34. Les jeunes (*loup*) sont appelés (*louveteau*), les jeunes (*lion*), (*lionceau*), les jeunes (*renard*), (*renardeau*), les jeunes (*lapin*), (*lapereau*).

35. Les (*veau*) ne sont pas autre chose que de jeunes (*taureau*).

36. Ce cheval avait les (*naseau*) tout fumants.

37. Prenez les (*râteau*) des (*faneur*), les (*gluau*) des (*oiseleur*), les (*appeau*) des (*chasseur*), et devenez vraiment villageois au village.

38. Les (*blaireau*) vivent solitairement dans des (*terrier*) qu'ils se creusent au milieu des bois.

39. Les (*Franc*) habitaient des (*hameau*) situés sur la lisière des (*forêt*).

40. Des (*poteau*) garnis d'(*écriteau*) indiquent les chemins dans les bois.

41. Les Gaulois, pour s'annoncer les uns aux autres une nouvelle importante, allumaient de grands (*feu*) sur les montagnes.

42. Les (*nègre*) ont les (*cheveu*) crépus, et nous les avons lisses.

43. La belladone est une plante vénéneuse et médicinale, que l'on rencontre en plusieurs (*lieu*) aux environs de Paris.

44. Les (*maquereau*) sont des poissons de mer qui abondent sur nos marchés.

45. Les principaux (*jeu*) des enfants sont le cerceau, la toupie, les billes, les barres.

46. L'enfant prodigue en était réduit à garder les (*pourceau*).

47. Les Gaulois étaient armés de forts (*épieu*).

48. Le prince a doté tous ses (*neveu*).

49. Ces voitures sont portées sur de solides (*essieu*).

50. Les païens adorent plusieurs (*dieu*).

EXERCICE 4.

[Noms en *al*. — *Gr.* § 36.]

51. Les (*journal*) contiennent un compte-rendu des (*course*) de (*cheval*).

52. Il est de règle que les (*caporal*) obéissent aux (*général*).

53. Les (*hyène*) sont des (*animal*) excessivement carnassiers.

54. Les (*hôpital*) regorgeaient de (*malade*).

55. Des munitions de toute nature étaient entassées dans les (*arsenal*).

56. C'est dans les entrailles de la terre que l'homme va chercher les (*métal*).

57. Les écoles doivent être des (*local*) vastes et bien aérés.

58. Les (*vassal*) d'un seigneur lui devaient **aide et secours**
à la guerre.

59. On fabrique en Bohême de beaux (*cristal*).

60. Les (*commensal*)[1] d'un homme riche sont **souvent ses**
flatteurs.

61. Les (*canal*) sont des rivières artificielles qui font communiquer entre elles les rivières naturelles.

62. Les marins chargés du commandement de nos flottes reçoivent le titre d'(*amiral*).

63. Avez-vous jamais vu des (*chou*) qui pesaient plusieurs
(*quintal*)[2] ?

64. Les (*drogue*) des pharmaciens sont renfermées dans des
(*bocal*).

65. Le conclave est la réunion des (*cardinal*) rassemblés pour
élire un pape.

66. Laquelle aimez-vous le mieux de l'étude des (*minéral*) ou
de celle des (*végétal*)?

EXERCICE 5.

[Noms en *ail*. — *Aïeul, ciel, œil*. — *Gr.* §§ 37 et 58.]

67. Les (*travail*) de l'esprit fatiguent souvent plus que les
(*travail*) du corps.

68. Les fermiers de ce pays ont passé des (*bail*) avantageux.

69. Les (*corail*) sont des productions de la mer.

70. On fabriquait de beaux (*vitrail*) pendant tout le moyen
âge.

71. Les (*cheval*) des cavaliers présentaient leurs (*poitrail*) aux
coups de l'ennemi.

72. Espérons qu'un jour nous reverrons nos (*aïeul*) dans les
(*ciel*).

73. Les (*aïeul*) de la mariée assistaient à la bénédiction nup-
tiale.

74. Les (*ail*)[3] et les (*poireau*) sont des légumes appartenant à
la même famille que le lis.

75. Les (*œil*) du bouillon ne sont pas toujours un indice de
sa bonne qualité.

76. Le mourant promena sur l'assistance des (*œil*) hagards,

---

1. *Commensal*, qui mange à la même table.
2. *Quintal*, poids de 100 kil. — Le *tonneau* est un poids de 1 000 kil.
3. *Ail* fait *aulx* au pluriel.

RÉCAPITULATION DU NOM

6. BERNARD PALISSY[1].

[Mettez au pluriel les noms écrits au singulier.]

I.

Tandis que Bernard Palissy vivait obscurément à Saintes[2], occupé de (*dessin*) et de (*peinture*) sur verre, ses (*œil*) tombèrent un jour sur une coupe de terre tournée et émaillée[3], d'une telle beauté, qu'il se sentit saisi d'un irrésistible désir d'arriver à reproduire lui-même un ouvrage aussi parfait. Il pensait avec raison que, grâce à son talent de peintre, il parviendrait bientôt à faire des (*vaisseau*) de terre d'une belle ordonnance, s'il pouvait seulement pénétrer les (*secret*) de la fabrication des (*émail*). Dès lors commencèrent ses (*étude*) nouvelles et sa lutte contre des (*difficulté*) sans nombre, contre des (*tribulation*) poignantes qui eussent rebuté mille (*fois*) une volonté moins opiniâtre que la sienne.

Ses (*essai*) furent longtemps infructueux, et la misère ne tarda pas à pénétrer dans sa maison. Malgré les (*amélioration*) successives qu'il apportait dans ses (*procédé*) de fabrication et dans la cuisson de ses (*émail*), il attendit pendant plus de vingt (*an*) le succès. « Chaque jour, dit un historien, la maison de Palissy retentissait de (*plainte*) amères de la part de sa femme. Souvent même ses (*enfant*) se joignaient à leur mère pour le prier, les (*œil*) pleins de (*larme*), les (*main*) jointes, de reprendre son ancienne profession de peintre sur verre, qui lui procurait le moyen de vivre heureux. Palissy opposait aux (*reproche*) de sa femme, aux (*prière*) de ses (*enfant*) une volonté impitoyable. Il avait la conscience de son œuvre.

II.

Bafoué, traité de fou, soupçonné de sorcellerie et de fausse monnaie, son courage n'est pas ébranlé. Enfin, par de nouvelles (*combinaison*), il croit toucher au moment de la réussite, lorsqu'un potier qu'il s'était attaché le quitte tout à coup, en réclamant son salaire. Palissy, sans crédit, dénué de tout, est obligé

---

1. *Bernard Palissy*, célèbre potier de terre (1510-1589).
2. *Saint s*, dans la Charente-Inférieure.
3. *Émaillée...* Couverte d'émail. L'émail est une sorte de vernis vitreux dont on recouvre certains objets, tels que les faïences, les poteries de toute espèce, etc.

de lui donner en payement une partie de ses (*vêtement*). Livré à lui-même, il se dirige vers son four, qu'il avait bâti dans la cave de sa maison. Mais, hélas ! le bois lui manque !... Que faire?... Dans la cuisson de ce nouvel essai repose la dernière de ses (*espérance*). Il court à son jardin, en arrache les (*treillage*), les brise, et bientôt le four est embrasé ; mais la flamme s'apaise et menace de s'éteindre.

Cependant la chaleur du four n'est pas encore assez intense. Alors Palissy, hors de lui, précipite dans le four ses (*meuble*), les (*porte*), les (*fenêtre*), et même les (*planche*) de sa maison. Les (*larme*), les (*supplication*) de sa famille, aucune considération ne peut l'arrêter ; il lui faut du bois pour alimenter son four, et tout ce qui possède une propriété calorifique est impitoyablement sacrifié par lui. Palissy est ruiné !.. mais le succès a couronné ses (*effort*). Un long cri de joie frappe les (*voûte*) de la cave et se fait entendre dans toute la maison, et lorsque la femme de Palissy, étonnée de l'étrangeté de ce cri, descend, elle trouve son mari debout, le regard fixé avec stupéfaction sur une poterie aux (*couleur*) brillantes, qu'il tient dans ses deux (*main*). — Le succès de Palissy, si chèrement acheté, apporta de notables (*changement*) dans sa position. Sa renommée se répandit au loin, et bientôt il fut appelé par le roi à Paris.

---

7. LE PETIT JACQUES.

I.

Dans un des (*village*) qui avoisinent Paris, vivaient sous leur toit de chaume, un pauvre bûcheron et sa femme, qui élevaient à grand'peine un doux et faible enfant de six (*an*), sourd-muet de naissance. Cette cruelle infirmité, qui désolait les (*parent*), était une cause de (*souffrance*) et d'(*ennui*) pour le petit Jacques. Elle le condamnait à l'isolement, car, malgré ses (*geste*) expressifs, il était difficilement compris des (*enfant*) du village. Il ne se mêlait guère aux (*jeu*) de ses (*camarade*), qui le tourmentaient de toutes (*manière*), s'en faisaient un jouet, l'accablaient de sottes (*plaisanterie*), ne sachant pas que les (*infirmité*) ont droit à nos (*égard*) et à notre compassion. Comme ses (*parent*) travaillaient tous les (*jour*) dans les (*bois*), à une grande distance de chez eux, Jacques vivait presque constamment seul. Il passait ces longues (*heure*) d'abandon à regarder les (*oiseau*) qui voltigeaient sur les (*toit*), ou les (*nuage*) blancs qui couraient sous le ciel bleu.

Un matin, Jacques, assis à l'entrée de sa cabane, fixait mélancoliquement ses (*regard*) vers la terre, lorsque de suaves (*parfum*) vinrent mettre un terme à ses (*rêverie*). Il chercha aussitôt d'où pouvait venir cette senteur, et il découvrit dans une des (*fissure*) de la chaumière, une giroflée de muraille, aux jolis (*fleuron*) jaunes veinés de pourpre. Jacques s'éprit soudain d'amour pour cette simple fleur, et s'empressa de la débarrasser des mauvaises (*herbe*) qui l'étouffaient.

II.

A dater de ce jour, la giroflée grandit à vue d'œil, grâce aux (*soin*) assidus du petit abandonné. Il passait ses (*journée*) à écarter d'elle tout ce qui pouvait lui nuire. Si des (*araignée*) tendaient leurs (*toile*) entre ses (*branche*) délicates, Jacques les chassait bien vite. Si quelques (*chenille*) venaient à dévorer ses (*feuille*), il détruisait ces (*bête*) malfaisantes. Mais si de beaux (*papillon*) ou de laborieuses (*abeille*), ou bien encore de brillantes (*mouche*) aux (*aile*) d'or se posaient sur sa giroflée, Jacques, qui avait remarqué que ces (*insecte*) ne causaient aucun dommage à son amie, se gardait bien de les chasser, car leurs vives (*couleur*) étaient encore pour lui un sujet de (*remarque*) intéressantes.

Sous l'influence du bonheur qu'il éprouvait, le petit Jacques recouvra bien vite la santé. Ses (*joue*) prirent la teinte des (*pétale*) de la rose. Ses (*force*) se développèrent chaque jour. Il put bientôt suivre ses (*parent*) dans la forêt et les aider dans leurs (*travail*). Un jour, le bûcheron l'emmena dans la ville voisine, où il allait conduire une charrette de (*fagot*) qu'il avait vendus à un médecin très-renommé. Ce dernier adresse ses (*compliment*) au père à propos de la bonne mine de l'enfant. « C'est, répliqua le bûcheron, une giroflée qui a opéré ce prodige : mon fils, qui est sourd-muet, était autrefois très-maladif. » Et le père, de raconter les (*fait*) que nous venons d'exposer.

III.

Le docteur, voyant l'intelligence briller dans les (*œil*) du petit, s'intéressa soudain à son sort, et proposa de le placer dans un de ces (*établissement*) destinés à l'éducation des (*sourd-muet*). Jacques n'y consentit qu'à la condition qu'on lui laisserait emporter sa chère giroflée. Il ne la négligea point, malgré ses (*occupation*) nouvelles. Il déploya tant d'ardeur dans ses (*classe*), qu'en peu d'(*année*) il devint le plus instruit de ses (*condisciple*). Il s'appliqua surtout à l'étude des (*végétal*). S'occuper des (*plante*), c'était, pour ainsi dire, s'occuper sans cesse de sa chère giroflée.

Plus tard, Jacques s'adonna aux (*beau-art*), et y fit de rapides (*progrès*). Il devint en peu d'(*année*) un peintre de (*fleur*) distingué. A toutes les (*exposition*), la foule s'arrêtait devant ses (*tableau*), où presque toujours figurait un bouquet de (*giroflée*), revêtu des plus riches (*couleur*).

Vous le voyez, (*enfant*), une simple fleur des (*champ*) peut, quand Dieu le veut, sécher les (*larme*) des (*infortuné*), et changer leurs (*jour*) de langueur et de (*tribulation*) en des (*jour*) bénis, de (*joie*) pures et ineffables.

8, NE REMETTEZ JAMAIS A DEMAIN CE QUE VOUS POUVEZ FAIRE AUJOURD'HUI.

« Je labourerai demain mes (*champ*), disait Jeannot : il ne faut pas perdre de temps, car la saison s'avance ; et si je négligeais de cultiver mes (*champ*), je n'aurais point de blé, et par conséquent point de pain. »

Le lendemain arriva, Jeannot était debout dès l'aurore : il songeait déjà à voir sa charrue et ses (*cheval*), lorsqu'un de ses (*ami*) vint l'inviter à un festin de famille. Jeannot hésita d'abord ; mais, en y réfléchissant, il se dit : « Un jour plus tôt ou plus tard, ce n'est rien pour mes (*affaire*), et un jour de plaisir perdu l'est pour toujours. » Il alla au festin de son ami.

Le lendemain, il fut obligé de se livrer au repos, car il avait un peu trop bu, un peu trop mangé, et il avait mal à la tête, à l'estomac, dans tous les (*membre*). « Demain, nous reparlerons de cela, » dit-il en lui-même.

Demain vint ; il plut : Jeannot eut la douleur de ne pouvoir sortir de la journée.

Le jour suivant, le soleil était beau, et Jeannot se sentait plein de courage : malheureusement ses (*cheval*) étaient malades à leur tour. Jeannot maudit les pauvres (*bête*).

Le jour suivant était un jour de fête : on ne pouvait se livrer aux (*travail*) des (*champ*). Une nouvelle semaine commence, et en une semaine on expédie bien de la besogne.

Il commença par aller à une foire des (*environ*) ; il n'avait jamais manqué d'y aller : c'était la plus belle des (*foire*) à dix (*lieue*) à la ronde. Il alla ensuite à la noce d'un de ses plus proches (*parent*) ; il alla même à un enterrement ; enfin, il s'arrangea si bien que lorsqu'il se mit à labourer ses (*champ*), la saison de semer était passée : aussi n'eut-il rien à récolter.

Quand vous avez quelque chose à faire, faites-le tout de suite; car si vous êtes (*maître*) du présent, vous ne l'êtes pas de l'avenir. Celui qui remet toujours ses (*affaire*) à demain court grand risque de n'en terminer aucune.

L'ADJECTIF.

COMMENT ON FORME LE FÉMININ DES ADJECTIFS.

EXERCICE 9.

[Mettez tous les adjectifs au féminin. — *Gr.* § 43.]

77. L'alouette (*matinal*) nous annonce le retour du printemps.
78. Une comète (*chevelu*) brille au firmament.
79. La bière est une (*excellent*) boisson.
80. Ma sœur a acheté une (*joli*) robe.
81. Cet écolier faisait la (*sourd*) oreille quand on lui parlait de travailler.
82. Nous avons traversé une (*grand*) forêt.
83. Nous avons pris une carpe (*vivant*).
84. Cette petite fille est trop (*indolent*) pour se lever de bon matin.
85. Cette carafe est remplie d'une eau (*pur*) et (*clair*).
86. Nous côtoyâmes une haie toute (*noir*) de mûres.
87. Le cultivateur recueillera une (*abondant*) moisson.
88. La princesse portait une robe (*éblouissant*).
89. Il y a dans le jardin plus d'une plante (*odoriférant*).
90. Cette fleur (*bleu*) me plaît beaucoup.
91. Une (*saint*) joie remplit l'âme des bienheureux.
92. Voilà une pierre bien (*poli*) qui imite le marbre.
93. Cette canne¹ est bien (*droit*) et très-(*léger*).

EXERCICE 10.

[Adjectifs en *el, eil, en, on, et*, etc. — *Gr.* §§ 45 à 47.]

94. La journée a été (*chaud*) et (*beau*).
95. Je désirerais une veste (*pareil*) à la tienne.
96. La lionne se montre (*cruel*) quand elle a des petits.
97. Une (*muet*) action de grâces est quelquefois plus agréable à Dieu qu'une prière (*éloquent*).
98. La (*gentil*) fauvette fait résonner² ce bosquet de son chant.
99. Une nuée (*épais*) nous cache le soleil.

---

1. *Canne*, bâton, prend deux *n*; *cane*, femelle du canard, prend un seul *n*.
2. *Résonner*, avec un *é*, rendre un son : une voûte *résonne*. — *Raisonner*, avec *ai*, se servir de sa raison : *raisonner* d'une manière logique.

100. Cet enfant est d'une humeur (*inquiet*).

101. Ne vous bercez pas d'une (*fou*) espérance.

102. Une (*bon*) conscience est le plus précieux des biens.

103. Une (*vieux*) tour domine le village.

104. La (*sot*) brebis se laissa tromper par le loup.

105. Chassez loin de vous les pensées (*bas*) et (*abject*).

106. Voilà une (*ancien*) horloge qui est très-remarquable.

107. Il a failli s'étrangler avec une (*gros*) bouchée de pain.

108. La couleur (*vermeil*) de vos joues est le signe d'une (*bon*) santé.

109. Tous les peuples, à la (*nouveau*) année, échangent des vœux de bonheur.

110. Je lui ai fait une narration (*complet*) de ce triste événement.

111. Mon ami vient de perdre sa sœur (*cadet*).

112. N'allez pas retomber dans votre incurie (*habituel*).

EXERCICE 11.

[Adjectifs en *x*. — *Gr.* § 48.]

113. La poule n'est pas (*peureux*) quand elle a des poussins.

114. Le diamant est la pierre (*précieux*) la plus recherchée, quoiqu'il ne soit que du charbon.

115. Une chienne (*hargneux*) a souvent l'oreille déchirée.

116. Cette jeune fille est restée (*boiteux*) depuis qu'elle s'est cassé la jambe.

117. Une perruque n'est pas autre chose qu'une (*faux*) chevelure.

118. La patience (*courageux*) vient à bout de tout.

119. A traverser une prairie (*marécageux*) et une forêt (*épineux*), on se mouille les pieds et on déchire ses vêtements.

120. Une foule (*nombreux*) stationne dans la rue.

121. Une pêche trop (*aqueux*) ne vaut rien.

122. Une prune (*véreux*) ne saurait être mangée.

123. Des chevreuils, des sangliers et des cerfs peuplent cette forêt (*giboyeux*)[1].

124. Nous faillîmes tomber dans une fosse (*fangeux*).

125. La joie la plus (*doux*) est celle que cause l'accomplissement d'un devoir.

---

1. *Giboyeux* se dit d'une forêt qui abonde en gibier.

, Adjectifs en *eur*. — *Gr*. §§ 49 et 50.]

126. Nous avons au dedans de nous-mêmes une conscience (*accusateur*), qui nous avertit quand nous nous écartons de la bonne voie.

127. Le Comice agricole a décerné à ce fermier la plus (*flatteur*) des récompenses.

128. Tout le monde a entendu raconter l'histoire de la pie (*voleur*).

129. Dans le malheur, adressez-vous à la (*Protecteur*) des affligés.

130. En France, la femme est (*majeur*) à vingt et un ans.

131. Après une vie de tribulations, espérons-en une (*meilleur*) dans un autre monde.

132. J'ai reçu votre lettre à une date (*postérieur*) à celle que vous m'indiquez.

133. Pendant notre voyage, la route ne nous a pas paru (*long*), tant nous jouissions d'une vue (*enchanteur*) [1].

134. Voulez-vous bien quitter cette mine (*boudeur*) ?

135. Adressez à ce pauvre homme quelque parole (*consolateur*).

136. Quand un écolier a bien travaillé, son maître lui adresse une louange (*rémunérateur*).

137. Une armée (*dévastateur*) a traversé ce pays.

138. Fuyez les gens d'humeur (*querelleur*).

139. La justice (*vengeur*) [2] des crimes saura atteindre le coupable.

[Adjectifs en *f* et autres. — *Gr*. §§ 51 et 52.]

140. La plupart des légumes présentent une variété dite (*hâtif*), qui mûrit avant toutes les autres.

141. Les maréchaux se servent de machines appelées travails pour ferrer les chevaux d'une nature (*rétif*).

142. Bien des sauvages ont une mine (*rébarbatif*) qui effraie les Européens.

143. Cette dame a besoin d'un chapeau neuf et d'une robe (*neuf*).

144. Cette petite fille, toute (*naïf*), excite l'admiration de tout le monde.

145. Une syllabe peut être (*bref*) ou (*long*).

1. *Enchanteur*, fait au féminin *enchanteresse*.
2. *Vengeur*, fait *vengeresse*.

146. Une terre (*franc*)[1] est propre à la culture du blé.

147. La luzerne (*frais*) incommode quelquefois plus les bestiaux que la luzerne (*sec*).

148. La prospérité (*public*) résulte du bien-être de chacun

149. Le chameau est la bête de somme (*favori*) des Arabes.

150. On dit que la corolle d'une fleur est (*caduc*) quand elle tombe presque aussitôt après son épanouissement.

COMMENT ON FORME LE PLURIEL DES ADJECTIFS.

EXERCICE 14.

[Mettez tous les adjectifs au pluriel. — Gr. §§ 53 à 57.]

151. Les vents ou courants d'air peuvent recevoir une foule de qualifications (*différent*) : il y a des vents (*général*), (*particulier*), (*constant*), (*variable*) ou (*irrégulier*), (*périodique*), (*alternatif*), (*sensible*), (*modéré*), (*frais*), (*impétueux*), (*brûlant*), (*chaud*), (*tiède*), (*rafraîchissant*), (*froid*), (*glacial*), (*orageux*), (*pluvieux*), (*sec*), (*humide*).

152. Nous avons en France des chemins (*vicinal*), des routes (*départemental*) et des routes (*impérial*).

153. Nos écoles (*primaire*) sont inspectées par des délégués (*cantonal*).

154. Dans toutes les communes, il y a des magistrats (*municipal*).

155. Les lettres sont distribuées dans les campagnes par des facteurs (*rural*).

156. La plupart de nos (*grand*) forêts sont des propriétés (*national*).

157. On écrit aujourd'hui avec des plumes (*artificiel*); ce sont des plumes (*métallique*).

158. Des nuages (*roux*) fort (*épais*) nous cachaient le soleil.

159. Les (*faux*) témoins sont punis sévèrement.

160. Les fruits (*doux*) et (*sucré*) sont (*meilleur*) que les fruits (*acide*).

161. Deux frères nés en même temps s'appellent des frères (*jumeau*).

162. Écoutez les conseils de Monsieur le curé, et vous deviendrez des hommes (*moral*).

163. Tout pays a ses frontières (*oriental*), (*méridional*), (*occidental*) et (*septentrional*).

---

1. *Terre franche*, qui n'est pas mêlée de cailloux ni de sable.

164. Clovis, le fondateur de la monarchie (*français*), fut tenu par saint Remy sur les fonts[1] (*baptismal*).

165. Un filleul doit avoir pour son parrain des sentiments (*filial*).

166. Les personnes (*envieux*) ne peuvent jamais être (*heureux*).

167. Les (*jeune*) filles (*frileux*) redoutent les promenades (*matinal*).

RÈGLE DES ADJECTIFS.

EXERCICE 15.

[Faites accorder l'adjectif avec le nom. — *Gr.* § 58.]

168. Cette dame a fait emplette d'une toilette (*neuf*) fort (*joli*).

169. Les abricots sont déjà (*mûr*), les pêches sont (*mûr*) aussi ; mais la poire ne sera (*mûr*) qu'un peu plus tard.

170. Les chiffres qui composent un nombre ont deux valeurs : une valeur (*absolu*) et une valeur (*relatif*).

171. Les sapins sont des arbres (*droit*), élancés, élevés, (*odoriférant*), toujours (*vert*), de forme (*pyramidal*), aux feuilles très-(*étroit*) et (*pointu*) comme des aiguilles.

172. La guimauve a de (*fort*) racines employées en médecine comme adoucissants et émollients.

173. On appelle fleurs (*pectoral*) celles qui servent à faire des tisanes (*propre*) à guérir les maladies de poitrine les plus (*léger*).

174. On nomme substances (*diaphane*), (*transparent*) ou (*translucide*), toutes les substances au travers desquelles on peut voir les objets ; l'air, l'eau, le verre, la corne, le mica sont des substances (*transparent*).

175. Le sang (*noir*) remplit des tuyaux (*flasque*) et (*mou*) nommés veines ; le sang (*rouge*) est contenu dans des tuyaux (*dur*), (*résistant*) et (*élastique*) appelés artères ; enfin le sang (*blanc*) est renfermé dans des tuyaux (*invisible*) à force d'être (*transparent*), et qui ont reçu la dénomination de vaisseaux (*lymphatique*).

176. Nous avons à chaque mâchoire trois espèces de dents : les dents (*incisif*), les dents (*canin*) et les dents (*molaire*). ·Les

---

1. *Fonts.* Dans l'expression *fonts baptismaux*, *fonts* prend un *t*; signifiant la partie profonde d'une chose creuse, il s'écrit avec un *d*, *fond*; signifiant le sol d'une terre, ou un établissement commercial, il s'écrit *fonds :* planter dans un bon *fonds*, un *fonds* de commerce.

dents (*incisif*), au nombre de quatre, et placées juste au milieu de la mâchoire, sont affilées et (*tranchant*) comme une lame de couteau.

177. Les dents (*canin*) sont au nombre de deux, une de chaque côté des (*incisif*) ; elles sont appelées (*canin*), parce qu'elles ressemblent à des dents de chien, et qu'elles sont, comme ces (*dernier*), (*long*) et (*pointu*).

178. Les dents (*molaire*) sont toutes les autres dents situées vers la partie (*postérieur*) de la bouche.

179. Elles sont (*comparable*) par leur forme et leur masse à des meules de moulin.

180. On distingue deux espèces de dents (*molaire*) : les (*vrai*) ou (*gros*) molaires, au nombre de trois, placées au fond de la bouche, et les (*petit*) ou (*faux*) molaires, au nombre de deux, entre les (*gros*) molaires et les canines ; il y a donc en tout cinq molaires de chaque côté de la mâchoire.

181. L'eau provenant de la fonte des neiges (*éternel*) qui recouvrent les (*haut*) montagnes, est (*lourd*), (*pesant*) et (*indigeste*), parce qu'elle est privée de l'air que contient toujours l'eau ordinaire.

182. Les eaux (*doux*), d'après leur origine, se divisent en eaux (*pluvial*), eaux de rivière, eaux de source et eaux de puits ; l'eau (*pluvial*), c'est-à-dire provenant de la pluie, est la plus (*pur*) de toutes ; vient ensuite l'eau de rivière, qui contient des matières (*minéral*) qui y sont dissoutes, à peu près comme le sucre fond dans l'eau ; l'eau de source est généralement plus chargée de matières (*étranger*) que l'eau de rivière ; enfin l'eau de puits est encore moins (*pur*) que l'eau de source ; comme c'est une eau généralement (*stagnant*) ou (*dormant*), elle contient des débris de matières (*animal*) et (*végétal*) en putréfaction.

ADJECTIF QUALIFIANT PLUSIEURS NOMS.

EXERCICE 16.

[Faites accorder l'adjectif selon les règles. — Gr. §§ 59 à 62.]

183. Le moineau et le loriot sont (*pillard*).
184. Le geai et la pie sont (*bavard*).
185. Le violon et le trombone sont (*harmonieux*).
186. La clarinette et la flûte sont (*délicieux*).
187. Les greniers et les caves sont (*vaste*), (*sain*) et (*aéré*).
188. Le vin et le cidre sont (*doux*).
189. La cerise et la groseille sont (*acide*).

190. Le poiré et la bière sont (*nourrissant*).

191. L'automne et l'hiver ont été (*froid*), (*pluvieux*) et (*humide*); le printemps et l'été ont été (*sec*) et (*chaud*).

192. Le scorpion et la guêpe sont (*venimeux*).

193. La mouche et l'araignée sont (*ennemi*).

194. Le pissenlit et la chicorée sont (*amer*).

195. Le romarin et la sauge sont (*tonique*) [1] et (*stimulant*).

196. Le chevreuil et la brebis sont (*inoffensif*).

197. L'ail et la ciboule sont (*apéritif*) [2].

198. Le singe et la guenon sont très-(*agile*).

199. Un père et une mère trop (*bon*) gâtent souvent leurs enfants.

200. La fourmi et l'abeille (*diligent*) et (*actif*). amassent des provisions en vue de la mauvaise saison.

201. Le taureau et la génisse (*gras*) et (*dispos*) bondissent dans les pâturages.

202. L'oranger et le myrte (*odoriférant*) embaumaient le jardin.

203. Le mulet et l'âne (*sobre*) et (*frugal*) [3], rendent de grands services aux cultivateurs.

204. Les coqs et les poules (*anglais*) ont des plumes jusqu'au bout des pattes.

205. Le marbre et l'albâtre (*poli*) sont (*magnifique*).

RÉCAPITULATION

SUR LE NOM ET L'ADJECTIF.

[Mettez les substantifs au pluriel, et faites accorder en genre et en nombre tous les adjectifs écrits au masculin singulier.]

17. IL NE FAUT PAS MALTRAITER LES ANIMAUX.

Nous avons dans les (*ville*) aussi bien que dans les (*campagne*), des (*gens*) qui passent leur vie à malmener les (*animal*), sans le moins du monde s'imaginer qu'ils commettent ainsi journellement de très-mauvaises (*action*). A leurs (*œil*), la peau des (*cheval*) a été créée pour le fouet, le cuir des (*bœuf*) pour l'aiguillon, les (*mouton*) pour exercer les (*dent*) des (*chien*), et ceux-ci à leur tour, pour essuyer la mauvaise humeur des (*maître*) et leur lé-

1. *Tonique*, qui donne de l'activité aux organes.
2. *Apéritif*, adj., qui ouvre l'appétit.
5. *Frugal* fait au pluriel *frugals*.

cher les (*main*) après cela. Chez ces (*gens*)-là, un côté de l'intelligence ne fonctionne pas, un côté du sens moral est engourdi.
Ils ne voient pas dans les (*bête*) l'être qui sent, souffre ou se ré-
jouit à l'occasion; l'être qui se souvient des (*caresse*), qui se révolte
sous une brutalité: l'être qui sait aimer et haïr selon qu'on se
conduit bien ou mal à son égard.

La plupart de nos (*conducteur*) de (*cheval*) agissent sans dis-
cernement, quand ils frappent sans mesure des (*bête*) chargées
à l'excès, souvent sans nécessité, par désœuvrement, par dis-
traction, pour s'exercer la main. C'est triste et odieux tout à
la fois. — La raison n'y pouvant rien, les (*loi*) sont intervenues
en France [1], et nous nous en félicitons, mais nous nous félici-
terions bien autrement si les (*homme*) arrivaient à comprendre
leurs (*devoir*), et si, pour notre honneur, la conscience de nos
(*acte*) rendait cette loi inutile.

Nous ne sommes pas de ceux qui poussent la sensibilité jusqu'au ridicule, et professent le respect même pour des (*animal*)
qui ne respectent rien. Nous n'entendons pas nous constituer,
par excès de zèle, les (*protecteur*) des (*chenille*), des (*courtilière*),
des (*puceron*), des (*altise*), des (*rat*), des (*musaraigne*), etc.; nous
demandons, au contraire, qu'on s'en défasse; mais nous n'aimons pas que l'on prenne plaisir à torturer, à tuer à petits
(*coup*), à raffiner la cruauté, à allonger le supplice. Tuez s'il y a
nécessité, mais tuez vite, à la façon des (*balle*) qui frappent
juste, non à la façon de ces (*homme*) qui, dans certaines (*localité*), clouent aux (*porte*) des (*grange*) les (*chouette*) vivantes qu'ils
viennent de dénicher, comme si ces pauvres petits (*martyr*) de
notre cruauté songeaient à nous nuire.

----

18. UN RAPT [2] DE FOURMIS.

Pierre Hubert, fils du célèbre observateur des (*abeille*), se promenant dans une campagne près de Genève [3], vit à terre une
(*fort*) colonne [4] de fourmis (*roussâtre*) qui étaient en marche, et
s'avisa de la suivre. Sur les (*flanc*) [5], quelques-unes empressées
allaient et venaient, comme pour aligner la colonne. A un quart
d'heure de marche, elles s'arrêtent devant une fourmilière

1. « Seront punis d'une amende de cinq à quinze francs, et pourront l'être de un à
cinq jours de prison, ceux qui auront exercé publiquement et abusivement de mauvais traitements envers les animaux domestiques. La peine de la prison sera toujours appliquée en cas de récidive. » (2 juillet 1850.)
2. *Rapt*, enlèvement par violence.
3. *Genève*, ville de la Suisse.
4. *Colonne*. Dans le langage militaire, une colonne est un corps de troupes qui
s'étend plus en longueur qu'en largeur.
5. *Sur les flancs*, sur les côtés.

de (*petit*) fourmis (*noir*); un combat acharné s'engage aux (*porte*).

Les (*noir*) résistent, en petit nombre; la (*grand*) masse du peuple attaqué s'enfuyait par les (*porte*) les plus éloignées du combat, emportant leurs (*petit*). C'était précisément de ces petits qu'il s'agissait; ce que les (*noir*) craignaient avec raison, c'était un vol d'(*enfant*). Il vit bientôt les assaillants qui avaient pu pénétrer dans la place en ressortir chargés d'(*enfant*) des (*noir*). On eût cru voir sur la côte d'Afrique une descente de (*négrier*) [1].

Les fourmis (*roux*), chargées de ce butin vivant, laissèrent la pauvre cité dans la désolation de cette (*grand*) perte, et reprirent le chemin de leur demeure, où les suivit l'observateur ému et retenant presque son souffle. Mais combien son étonnement s'accrut quand, aux (*porte*) de la cité (*roux*), une (*petit*) population de (*fourmi*) noires vint recevoir les vainqueurs, les décharger de leur butin, accueillant avec une joie (*évident*) ces (*enfant*) de leur race, qui, sans doute, devaient la continuer sur la terre (*étranger*).

EXERCICES SUR LES SUBSTANTIFS ET LES ADJECTIFS COMBINÉS.

EXERCICE 19.

[De *père* on forme l'adjectif *paternel*; formez les adjectifs des noms suivants.]

Père.	Pauvreté.	Force.
Mère.	Tristesse.	Faiblesse.
Frère.	Méchanceté.	Vigueur.
Fils.	Bonté.	Courage.
Ami.	Affabilité.	Obéissance.
Champ.	Clarté.	Rapidité.
Malheur.	Longueur.	Blancheur.
Infortune.	Largeur.	Noirceur.
Misère.	Epaisseur.	Rougeur.
Richesse.	Hauteur.	Dignité.
Joie.	Profondeur.	Harmonie.

EXERCICE 20.

[Même devoir.]

Hardiesse.	Droiture.	Aptitude.
Distance.	Propreté.	Nonchalance.
Egalité.	Cœur.	Fièvre.
Mollesse.	Amabilité.	Paresse.

---

1. *Négriers.* Il n'y a pas bien longtemps encore, les nègres étaient vendus sur les marchés comme des bêtes de somme. On appelait *négriers* les navires équipés pour cet affreux trafic.

Adresse.   Enfance.   Grandeur.
Amertume.   Jeunesse.   Humidité.
Beauté.   Adolescence[1].   Eau[2].
Arrogance.   Vieillesse.   Forêt.
Splendeur.   Décrépitude.   Mer.
Pusillanimité.   Fraîcheur.   Ciel.
Solidité.   Rondeur.   Enfer.

EXERCICE 21.

[*Cendré* est formé du nom *cendre;* écrivez les noms dont sont formés les adjectifs suivants.]

Cendré.   Stupide.   Fin.
Orangé.   Docile.   Juste.
Rosé.   Agile.   Tendre.
Corné.   Criard.   Dur.
Colossal.   Campagnard.   Mou.
Brutal.   Rouge.   Fou.
Rapide.   Vieux.   Nouveau.
Timide.   Jeune.   Beau.
Humide.   Lumineux.   Malade.
Terrestre.   Gras.   Infirme.
Chaud.   Maigre.   Sage.

EXERCICE 22.

[Même exercice.]

Fragile.   Blâmable.   Irritable.
Fougueux.   Humain.   Monstrueux.
Franc.   Huileux.   Pointu.
Loyal.   Irrésolu.   Satirique.
Fidèle.   Désobéissant.   Têtu.
Public.   Momentané.   Savonneux.
Caduc.   Humble.   Intelligent.
Noble.   Instinctif.   Mortel.
Fugitif.   Montagneux.   Ecumeux.

EXERCICE 23.

[Remplacez par un adjectif la préposition *de* suivie d'un nom. Ex.: *le commerce de Paris,* mettez : *le commerce parisien.*]

206. Une voix d'enfant.
207. Des entrailles de père.
208. Sa tendresse de mère.
209. Une route de département
210. Ma leçon d'habitude.

1. *Adulte.*
2. *Aqueux.*

211. Les gardes de la forêt.
212. Les mœurs du village.
213. Les plaisirs des champs.
214. Les biens de la terre.
215. La voûte du ciel.
216. Les plantes de la mer.
217. Un pays de montagnes.
218. Une plaine de sable.
219. Le travail du matin.
220. Les fleurs du printemps.
221. Le pain de chaque jour.
222. Les oiseaux de nuit.
223. Un temps d'orage.

RÈGLE. — Assez souvent un nom a des formes tout à fait différentes selon qu'il est employé au masculin ou au féminin; l'usage seul peut apprendre ces doubles dénominations. **EXEMPLES :**

Homme a pour féminin Femme.	Sanglier a p. féminin Laie.
Oncle — Tante.	Singe — Guenon.
Roi — Reine.	Porc — Truie.
Père — Mère.	Bouc — Chèvre.
Compère — Commère.	Cheval — Jument.
Monsieur — Madame ou	Taureau — Vache.
Mademoiselle	Bélier — Brebis.
Garçon — Fille.	Cerf — Biche.
Frère — Sœur.	Coq — Poule.
Parrain — Marraine.	Dindon — Dinde.
Serviteur — Servante.	Poulain — Pouliche.
Gendre — Bru.	Perroquet — Perruche.
Neveu — Nièce.	Canard — Cane.

EXERCICE 24.

[Remplacez le nom masculin par le nom féminin correspondant, et faites accorder les adjectifs.]

224. *L'homme laborieux* trouve toujours le moyen de gagner sa vie.

225. *Le jeune singe* est *vif, gai, enjoué.*

226. *Un vigoureux sanglier* a dévasté tout ce champ.

227. Les *porcs* trop *gras* ne fournissent pas une chair aussi saine que les autres.

228. *Le bouc capricieux* bondit sur les rochers.

229. Les *chevaux* les plus *beaux* et les plus *fins* sont *choisis* pour aller à la guerre.

230. Des *taureaux menaçants* nous poursuivaient de leurs cornes.

231. Un troupeau de *béliers inoffensifs* paissait dans cette prairie.

232. Des *cerfs* agiles parcouraient la forêt.

233. *Le coq heureux* se prélassait sur son fumier.

234. *L'oncle bon* et *généreux* est *aimé* de ses *neveux*.

235. *Un roi bienfaisant* est *le père* de ses sujets.

236. *Le père* de famille *laborieux* et honnête est *estimé* de tout le monde.

237. *Le frère attentif* et *complaisant* jouira de l'estime de tout le monde.

RÈGLE. — On forme le féminin de beaucoup de noms à peu près comme on forme le féminin des adjectifs. EXEMPLES :

Masculin.	Féminin.	Masculin.	Féminin.
Ami	*Amie.*	Pauvre	*Pauvresse.*
Ennemi	*Ennemie.*	Pécheur	*Pécheresse.*
Cousin	*Cousine.*	Duc	*Duchesse.*
Boulanger	*Boulangère.*	Prince	*Princesse.*
Ouvrier	*Ouvrière.*	Hôte	*Hôtesse.*
Pâtissier	*Pâtissière.*	Enchanteur	*Enchanteresse.*
Marquis	*Marquise.*	Maître	*Maîtresse.*
Boucher	*Bouchère.*	Druide	*Druidesse.*
Jardinier	*Jardinière.*	Prêtre	*Prêtresse.*
Berger	*Bergère.*	Tigre	*Tigresse.*
Châtelain	*Châtelaine.*	Ane	*Anesse.*
Serf [1]	*Serve.*	Ogre	*Ogresse.*
Lapin	*Lapine.*	Comte	*Comtesse.*
Faisan	*Faisane.*	Pêcheur	*Pêcheuse [2].*
Serin	*Serine.*	Voleur	*Voleuse.*
Loup	*Louve.*	Chanteur	*Chanteuse [3].*
Daim	*Daine.*	Moissonneur	*Moissonneuse.*
Baron	*Baronne.*	Vendangeur	*Vendangeuse.*
Vigneron	*Vigneronne.*	Instituteur	*Institutrice.*
Lion	*Lionne.*	Directeur	*Directrice.*
Chat	*Chatte.*	Acteur	*Actrice.*
Chien	*Chienne..*	Spectateur	*Spectatrice.*
Faon	*Faonne.*	Lecteur	*Lectrice.*
Paon	*Paonne.*	Empereur	*Impératrice.*

EXERCICE 25.

[Remplacez les noms mis en italiques par le féminin correspondant, et faites accorder.]

238. *Les hommes* devraient se persuader que les *vrais amis* sont très-rares.

1. *Serf* se disait au moyen âge des hommes qui cultivaient la terre au profit de leurs seigneurs. — Dans ce cas, *serf* prend un *s* et se prononce *serff*; — tandis que *cerf*, animal, prend un *c*, et se prononce *cer*.

2. *Pécheur*, avec l'accent aigu, qui commet des péchés. — *Pêcheur*, avec l'accent circonflexe, qui va à la pêche des poissons. — Cette différence d'orthographe est très-importante.

5. Lorsqu'on parle d'une femme qui chante avec art et par état, on dit *cantatrice* et non *chanteuse*.

239. Les *lapins* trouvent à brouter dans ce bois toutes sortes d'herbes aromatiques.

240. *Le cousin germain* de mon *ami* lui a fait un cadeau.

241. Les *boulangers* de cette ville sont *humains* et affables.

242. Les *ouvriers paresseux* sont souvent *malheureux*.

243. Les *faisans* sont l'ornement de nos volières.

244. Voilà *un serin* qui vient directement des Canaries

245. *Le pâtissier* m'a offert un beau gâteau.

246. *Monsieur le marquis* est *bon* et affable.

247. *La bouchère* s'installe sur le marché.

248. Les *jardiniers* arrosent les salades.

249. *Le beau berger* garde ses moutons.

250. Les *orgueilleux châtelains* du moyen âge n'avaient pour demeures que des forteresses.

251. *Le lion* est souvent *généreux* et *reconnaissant*.

252. *Le chat* est *gentil* mais hypocrite.

253. Les *chiens hargneux* ont toujours l'oreille déchirée.

254. On voit dans cette église les tombes des *anciens barons* de la contrée.

255. Les *vignerons* descendent *fatigués* de leurs vignes.

256. Les *loups* avides et *gloutons* rôdent autour de nos troupeaux.

257. Il y avait au moyen âge des *hommes serfs* et des *hommes* libres.

258. C'est *un tigre altéré* de sang qui s'est *jeté* sur nous.

259. On croyait autrefois qu'il existait des monstres appelés *ogres*, se nourrissant de chair humaine.

260. *Monsieur le comte* est *absent* de ses terres.

261. *Ce prince courageux* lutta longtemps contre ses *ennemis*.

262. Je demandai à mon *hôte effaré* la clef de ma chambre.

263. Les *enchanteurs* et les *sorciers* ont disparu, *chassés* par le progrès des lumières.

264. Les *druides* étaient des *prêtres gaulois* de l'ordre le plus élevé.

265. Les *voleurs* sont de *vilains hommes*.

266. Des *chanteurs* parcourent les foires des villages.

267. *Le moissonneur altéré* est *venu* boire à cette fontaine.

268. Les paniers des *vendangeurs* sont remplis de grappes.

269. Les *instituteurs consciencieux* rendent de grands services.

270. Les *directeurs* de bureaux de poste sont très-*complaisants*.

271. *Cet acteur* mérita les bravos de *tous* les *spectateurs*.

272. *Tout lecteur attentif* devient *savant*.

273. L'*Empereur* d'Autriche est en même temps *roi* de Hongrie.

274. Nous avons entendu à l'Opéra *un chanteur* du plus grand talent.

275. *Le pêcheur* tira son filet; il était rempli de poissons.

L'ARTICLE.

EXERCICE 26.

[Mettez l'article convenable. Ex. : *Le* jardinier de *la* ville. *Gr.* § 67.]

276. ... paresse va si lentement que ... pauvreté l'atteint bientôt.

277. ... marronnier d'Inde, maintenant planté dans ... parcs et dans ... promenades publiques, ne fut introduit d'Asie en Europe qu'en 1576.

278. Chez ... anciens, ... tortues étaient considérées comme ayant servi à confectionner ... premières lyres ; ... tortues sont rares en Europe, mais elles y existent néanmoins; ... principales tortues européennes sont : ... tortue grecque, ... tortue mauresque et ... tortue bordée.

279. ... principaux batraciens sont : ... crapaud, ... grenouille et ... salamandre.

280. Dans ... jeune âge, ces animaux respirent comme ... poissons, plus tard ils respirent comme ... reptiles[1].

281. ... haricot, ... petits pois, ... lentille, ... fève, ... pois chiche, servent à notre nourriture.

282. ... pins, ... sapins et ... mélèzes forment de vastes forêts dans ... nord et dans ... pays montagneux.

283. ... escargots que l'on recueille dans ... vignes en Bourgogne, sont vendus en grand nombre sur ... marchés de Paris.

284. ... artichauts gèlent quelquefois pendant ... hivers rigoureux, s'ils ne sont pas couverts suffisamment.

285. ... rivières se jettent dans ... fleuves, et ... fleuves dans ... mers.

286. ... mares, ... étangs et ... lacs sont des étendues d'eau situées au milieu des terres.

---

1. Les poissons respirent par les *branchies* ou *ouïes*, organes extérieurs placés à droite et à gauche de la tête; les reptiles respirent par des *poumons*, organes renfermés dans la poitrine.

EXERCICE 27.

[Mettez *du* ou *au*, *des* ou *aux*, suivant la règle. Ex. : Les fruits *du* pêcher.
Gr. §§ 69 et 70.]

287. La patrie ... froment n'est pas encore connue.

288. Quand on est parvenu ... sommet ... mont Blanc, on éprouve beaucoup de peine à respirer.

289. L'affection ... chien pour son maître n'a point de bornes.

290. La racine ... lin est pivotante, c'est-à-dire semblable à celle de la carotte.

291. Avec le fruit ... hêtre, fruit que l'on nomme faîne, on fabrique de bonne huile.

292. Les chevaux vont se désaltérer ... bord du fleuve.

293. C'est dans l'intérieur ... foie que se forme la bile.

294. Le fumier de cheval convient ... champignons de couche.

295. C'est ... milieu d'une eau tranquille que les castors construisent leurs cabanes.

296. Les vaisseaux ... anciens étaient beaucoup plus petits que ceux ... modernes.

297. Ma parente est allée ... eaux de Vichy[1] parce qu'elle a une maladie de foie.

298. Il faut donner ... terres jusqu'à trois labours, pour obtenir une bonne récolte de froment.

299. Nous étant enfoncés dans la profondeur ... bois, nous nous égarâmes.

300. Les pieds et les becs ... hérons sont d'une longueur extraordinaire.

301. En donnant ... oies une pâtée faite de farine d'orge, de lait et de feuilles d'ortie hachées, on les engraisse très-vite.

ADJECTIFS NUMÉRAUX.

EXERCICE 28.

[Écrivez les adjectifs numéraux en lettres. *Gr.* §§ 71 à 74.]

302. La distance de Paris à Lyon est de 493[2] kilomètres ; de Paris à Marseille, de 816 kilomètres ; de Paris à Bordeaux, de 457

---

1. *Vichy*, petite ville du département de l'Allier, 4,000 hab.; renommée pour ses eaux thermales. — Le *foie* est un organe qui sécrète la bile, le fiel, nécessaire à la digestion des aliments.
2. Ne mettez jamais d's aux mots *cent* et *vingt* lorsqu'ils sont suivis d'un autre nombre : quatre *cent* six hommes, quatre-*vingt*-cinq soldats; dans ces phrases, *cent* et *vingt* restent invariables parce qu'ils sont suivis de *six* et de *cinq*; mais on écrira avec un s, sept *cents* hommes, quatre-*vingts* soldats, parce que les mots *cent* et *vingt* ne sont pas suivis d'un autre nombre.

kilomètres; de Paris à Brest, de 545 kilomètres; de Paris à Lille, de 206 kilomètres; de Paris à Strasbourg, de 464 kilomètres.

303. La France est divisée en 89 départements, qui renferment ·373 arrondissements, 2 941[1] cantons et 37 548 communes, habitées par 38 000 000 d'habitants.

304. Les villes de France les plus peuplées sont : Paris, 1 825 000 habitants; Lyon, 324 000 habitants; Marseille, 286 000 habitants; Bordeaux, 194 000 habitants; Lille, 155 000 habitants; Toulouse, 127 000 habitants; Nantes, 112 000 habitants; Rouen, 93 000 habitants; Strasbourg, 84 000 habitants; Toulon, 77 000 habitants.

305. Voici la liste des principaux métaux dans l'ordre de leur poids : le platine est le 1er, le plus lourd, l'or est le 2e, le plomb est le 3e, l'argent est le 4e, le cuivre est le 5e, le laiton est le 6e, l'acier est le 7e, le fer est le 8e, l'étain est le 9e, la fonte est le 10e, le zinc est le 11e, l'antimoine est le 12e; le sodium, moins lourd que l'eau, est le dernier, le plus léger de tous les métaux.

EXERCICE 29.

[Écrivez les adjectifs numéraux en chiffres.]

L'ÂGE DES ARBRES.

Lorsqu'on scie un tronc d'arbre en travers, on voit qu'il est composé d'une quantité plus ou moins considérable de couches concentriques : autant on compte de couches, autant l'arbre a vécu d'années. Ce nombre d'années que dure la vie des végétaux est souvent énorme. On cite, entre autres, un ormeau de *trois cent cinquante-deux* ans ; un lierre de *quatre cent quarante-huit* ans; des châtaigniers de *six cent vingt-six* ans ; des orangers de *six cent quarante* ans; un platane de *sept cent vingt* ans; des cèdres de *huit cents* ans; un noyer de *neuf cents* ans ; des tilleuls de *mille soixante-seize* ans; un sapin de *douze cents* ans ; des chênes de *seize cents* ans. On voyait, en *mil huit cent vingt-deux*[2], au milieu du cimetière d'Allonville, à quelques kilomètres d'Yvetot (Seine-Inférieure), un chêne qui pouvait avoir au moins *huit cents* ans d'existence; sa circonférence était de *onze* mètres au niveau du sol, et de plus de *cinq* mètres à la hauteur de la taille d'un homme.

1. Le mot *mille*, adjectif numéral, est toujours invariable : neuf *mille* hommes.
2. *Mille* s'écrie *mil* lorsqu'il s'agit d'une date.

ADJECTIFS DÉMONSTRATIFS

EXERCICE 30.

[Mettez l'adjectif démonstratif convenable. Ex. : *Ce* vêtement, *cette* casquette.
Gr. §§ 75 et 77.]

L'ÉNIGME.

Les anciens avaient imaginé ... fable : sur la route de Thèbes et tout près de ... ville, habitait un monstre qui avait la tête d'une femme et le corps d'un lion. ... animal étrange, que l'on nommait le sphinx, proposait une énigme à chaque voyageur, et dévorait immédiatement celui qui n'était pas assez heureux pour trouver le mot de ... énigme. Il proposa la suivante à Œdipe, de la famille royale de Thèbes[1] : Quel est l'animal qui marche à quatre pieds le matin, à deux à midi, et à trois le soir? Œdipe découvrit l'allusion cachée sous ... paroles, et répondit en ... termes : ... animal, c'est l'homme; le matin dont il est ici question figure notre enfance, pendant laquelle nous marchons à quatre pattes, sur nos pieds et sur nos mains; le milieu du jour, c'est l'âge mûr, où nous marchons sur nos deux pieds; le soir, c'est la vieillesse, qui s'aide du bâton dont elle ne se sépare jamais. A ... réponse, le monstre furieux se précipita dans la mer.

ADJECTIFS POSSESSIFS.

EXERCICE 31.

[Remplacez les points par l'adjectif possessif convenable. Ex.: *Mon* chien, *ma* chienne, *mes* chiens. *Gr.* §§ 78 à 80.]

TOBIE.

Ensuite Tobie envoya ... fils en Mésopotamie pour réclamer dix talents prêtés autrefois à Gabelus. Le jeune Tobie s'acquitta d'autant mieux de ... mission que pendant ... voyage il fut guidé par un ange, qui l'accompagna sous la figure d'un jeune homme. L'ange lui fit même épouser Sara, dont le père demeurait en Mésopotamie. Quinze jours après la célébration des noces, Tobie dit à ... beau-père Raguel : « Je vous en prie, laissez-moi partir au plus tôt, car ... parents doivent être inquiets sur ... compte. » Raguel et sa femme lui répondirent: « Voici ... fille, qu'elle parte avec vous. » Dans le chemin, l'ange lui dit :

---

1. *Thèbes*, l'une des principales villes de l'ancienne Grèce.

« Lorsque vous serez de retour, frottez les yeux de ... père avec le fiel de poisson que nous avons pris dans le Tigre pendant les premiers jours de notre voyage, et il recouvrera la vue. » Lorsqu'ils furent de retour, les choses se passèrent comme l'ange l'avait prédit. Le vieux Tobie vécut encore quarante-deux ans après que ... yeux eurent été guéris. Le jeune Tobie ne quitta plus ... parents, et fut le bâton de ... vieillesse. Attentif à tous ... besoins, empressé à soulager ... infirmités, marchant sur la trace de ... vertus, il fut ... consolation et ... orgueil. Il mourut lui-même à quatre-vingt-dix-neuf ans, laissant des fils et des petits-fils, chez qui les qualités de ... père et de ... ancêtres furent héréditaires.

EXERCICE 32.

[Distinguer l'un de l'autre *ces*, adjectif démonstratif, et *ses*, adjectif possessif. Gr. § 81. Remplacez les points par *ces* ou *ses*.]

306. La ville de Reims[1] est renommée pour ... pains d'épice; celle de Troyes[2], pour ... andouilles; celle de Lyon[3], pour ... saucissons; celle d'Orléans[4] pour ... vinaigres et celle de Bordeaux[5] pour ... vins.

307. Voyez ... hommes, ... femmes, ... enfants, ... artisans, .. marchands, ... ouvriers qui encombrent les rues d'une grande ville : quelle activité! quel empressement aux affaires!

308. Ce fermier est content d'avoir vendu ... blés plus cher qu'il ne les a vendus l'année dernière.

309. Débarrassez-moi ... blés de ... chardons, de ... nielles qui les étouffent.

310. Quand cet enfant joue avec ... petits camarades, il oublie jusqu'au boire et au manger.

311. ... melons sont d'une belle venue.

312. L'homme commande à ... nerfs, à ... muscles, à ... tendons.

313. Le joueur de luth, qui connaît parfaitement toutes les cordes de son instrument, qui les voit de ... yeux, qui les touche l'une après l'autre de ... doigts, s'y trompe quelquefois.

1. *Reims*, département de la Marne (61,000 hab.).
2. *Troyes*, département de l'Aube (36,000 hab.).
3. *Lyon*, la seconde ville de France, chef-lieu du département du Rhône (324,000 hab.).
4. *Orléans*, chef-lieu du département du Loiret (49,000 hab.).
5. *Bordeaux*, chef-lieu du département de la Gironde (194,000 hab.).

ADJECTIFS INDÉFINIS.

EXERCICE 33.

[Faites accorder l'adjectif indéfini avec le nom. *Gr.* §§ 82 et 83.]

314. *(Certain)* cultivateurs attribuent faussement la maladie appelée rouille des blés à l'influence de l'épine-vinette.

315. *(Chaque)* famille de lapins a son terrier, où *(tout)* ses membres se réfugient en cas de danger.

316. *(Quelque)* champignons sont bons à manger; beaucoup d'*(autre)* champignons sont vénéneux[1].

317. Les *(même)* échalas peuvent servir plusieurs années de suite pour la vigne.

318. *(Tout)* les poulets sont accourus à la voix de la fermière, qui leur distribuait du grain.

319. Il y a quelquefois une *(tel)* abondance de fruits que les arbres ploient sous leur charge.

320. *(Tout)* les animaux ont l'instinct de la conservation.

321. *(Tout)* âme noble fait le bien en vue du bien, et non dans l'espoir de recevoir *(un)* récompense.

322. *(Un même)* récolte ne peut réussir plusieurs années de suite dans *(un même)* terre.

323. *(Nul)* industrie n'est comparable à l'agriculture pour son utilité.

324. Il n'est *(aucun)* homme qui ne préfère le bon vin au mauvais.

325. *(Chaque)* âge a ses défauts.

326. *(Tout)* l'univers est plein de la magnificence de Dieu.

LE PRONOM.

EXERCICE 34.

[Remplacez les points par les pronoms personnels convenables. *Gr.* §§ 84 à 88.]

DIEU VOIT TOUT.

Le petit Jacques et sa sœur Anna se trouvaient seuls au logis. Jacques dit à Anna : si ... (2e *p. s.*) veux, ... (1re *p. pl.*) allons parcourir la maison et voir si ... (1re *p. pl.*) n'y découvrirons rien qui puisse ... (1re *p. pl.*) régaler. Anna répondit : si ...

---

1. On dit *vénéneux*, lorsqu'il s'agit d'une plante qui contient du venin, du poison. — On dit *venimeux*, lorsqu'il s'agit d'un animal : le serpent est un animal *venimeux*.

(2ᵉ *p. s.*) veux … (1ʳᵉ *p. s.*) conduire dans un endroit où l'on ne pourra pas … (1ʳᵉ *p. pl.*) apercevoir, je … (2ᵉ *p. s.*) accompagnerai. — Eh bien! dit Jacques, … (1ʳᵉ *p. pl.*) n'avons qu'à … (1ʳᵉ *p. pl.*) rendre à la laiterie; … (1ʳᵉ *p. pl.*) y savourerons chacun une écuellée d'excellente crème. — Ne crains-… (2ᵉ *p. s.*) pas, fit Anna, que le voisin qui fend là-bas du bois dans la rue, ne … (1ʳᵉ *p. pl.*) aperçoive? — Alors suis-moi à la cuisine, repartit Jacques, il y a un pot de miel dans le garde-manger, … (1ʳᵉ *p. pl.*) y tremperons notre pain. — Y songes-… (2ᵉ *p. s.*), s'écria la sœur, et seras-… (2ᵉ *p. s.*) toujours étourdi? La voisine qui file, assise à sa fenêtre, ne … (1ʳᵉ *p. pl.*) quitte pas de l'œil. — Jacques répliqua : … (2ᵉ *p. s.*) as raison, … (1ʳᵉ *p. s.*) n'y pensais pas; descendons à la cave, … (1ʳᵉ *p. pl.*) mangerons des pommes; il fait si noir dans cet endroit-là que personne à coup sûr ne … (1ʳᵉ *p. pl.*) verra. — O mon bien aimé frère! s'écrie Anna, crois-… (2ᵉ *p. s.*) donc sérieusement que personne ne puisse … (1ʳᵉ *p. pl.*) voir dans la cave? N'as-… (2ᵉ *p. s.*) jamais entendu parler de cet œil d'en haut qui plonge au travers des murailles et qui voit dans les ténèbres? — Jacques fut saisi d'épouvante ; … (2ᵉ *p. s.*) dis vrai, chère sœur, s'écria-t-… (3ᵉ *p. s.*). L'œil de Dieu pénètre dans les lieux où aucun œil humain ne peut pénétrer. C'est pourquoi … (1ʳᵉ *p. pl.*) ne devons jamais faire le mal.

RÈGLE DES PRONOMS.

EXERCICE 35.

[Choisissez de *il, elle, ils, elles*, le pronom convenable. *Gr.* § 94.]

327. Le seigle et l'orge sont mûrs, … seront fauchés la semaine prochaine.

328. Les pommes de terre sont malades; … ne fourniront pas autant de fécule que l'année dernière.

329. Les Chinois sont très-industrieux, … savent faire de bons fromages avec les graines des pois ou des haricots.

330. Le cerf et la biche ont de l'avance sur la meute, … pourront peut-être lui échapper.

331. Les cadrans solaires et les horloges nous indiquent l'heure, … n'ont pas été inventés en même temps.

332. Le coq et la poule se pavanent sur leur fumier ; on dirait qu'… ne songent qu'à se faire admirer.

333. Les moustiques pullulent en Italie ; … sont très-gênants.

334. Cette futaie et ce taillis commencent à dépérir ; … ont atteint l'âge auquel on doit les couper.

335. Le bateau et la barque qui devaient faire la traversée de France en Angleterre sont près d'arriver ; ... ont marché avec une rapidité extraordinaire.

336. Le colza et la navette s'accommodent à peu près des mêmes sols; ... se plaisent particulièrement dans les terrains sablo-argileux et argilo-calcaires ; ... redoutent beaucoup les sols imperméables[1] ainsi que les terres trop sèches.

337. Les lièvres sont des animaux doux et timides; ... se nourrissent de jeunes pousses d'arbrisseaux, d'écorces d'arbres, de racines, d'herbes nouvelles; ... ne s'avancent que par sauts; s'...[2] n'étaient détruits par plusieurs ennemis, tels que le renard, le chat sauvage, et surtout l'homme, ... croîtraient en si grande quantité qu'...[3] ruineraient nos bois et nos cultures; ... ne courent jamais le jour, et ce n'est que le soir qu'... abandonnent leur gîte pour aller pâturer.

33°. Les lapins se réunissent souvent plusieurs ensemble dans la même demeure ; ... n'habitent pas les plaines; c'est toujours dans les pays montagneux, sur les petits coteaux, dans les bois, qu'... vivent de préférence ; comme les lièvres, ... se nourrissent de plantes et d'écorces d'arbres, et ... ont également une vie nocturne[4].

PRONOMS DÉMONSTRATIFS.

EXERCICE 36.

[Remplacez les points par les pronoms démonstratifs convenables. *Gr.* §§ 95 et 96.]

339. De toutes les industries, ... du teinturier recourt peut-être plus souvent que les autres aux indications de la chimie[5].

340. Parmi les différentes espèces de roses, la rose à cent feuilles est encore ... que je préfère.

341. De tous les bois que l'on emploie pour le chauffage, le hêtre est ... qui réunit le plus d'avantages.

342. Aimez-vous mieux le vin de Bourgogne que le vin de Frontignan ? ...-ci est plus sucré, ...-là plus alcoolique.

343. ... qui est inspiré par le désintéressement est digne de louange.

344. ... qui dédaigne les petites choses n'est point capable des grandes.

---

1. *Imperméable* se dit des terrains qui ne laissent pas passer l'eau.
2. *Si ils*, écrivez *s'ils*, en remplaçant l'*i* de *si* par une apostrophe; c'est ce qu'on appelle élision.
3. *Que ils*, écrivez *qu'ils*, en remplaçant l'*e* de *que* par une apostrophe.
4. *Nocturne*, se dit de ce qui se passe dans la nuit : *apparition nocturne*.
5. Science qui a pour objet l'étude des éléments dont les corps sont composés.

345. Aimer ... qui vous haïssent, ... qui vous persécutent, et les aimer lors même qu'ils travaillent avec le plus d'ardeur à vous opprimer, telle est la charité du chrétien, tel est l'esprit de la religion.

346. Voici mes gants; ...-là sont les vôtres.

347. ... carottes-ci sont plus tendres que ...-là; la différence de qualité doit tenir à la nature du terrain.

348. De toutes les fleurs qui composent... parterre, les roses sont ... que je préfère.

EXERCICE 37.

[Remplacez les points par *ce* ou *se*. Gr. § 97.]

349. ... terrain, que cette pauvre femme et son fils ... sont appliqués à cultiver, rapportera bien plus qu'un champ d'égale étendue appartenant à la grande culture.

350. Les fourmis ... précipitant sur ... monceau de débris végétaux, l'ont en quelques heures transporté dans leur fourmilière.

351. La marmotte dort l'hiver dans une retraite qu'elle ... creuse sous terre ; ... rongeur inoffensif s'apprivoise facilement.

352. ... moulin que vous voyez là-bas, et dont le toit de chaume ... couvre de pieds de joubarbe, va bientôt être démoli pour être remplacé par une usine plus moderne.

353. L'écureuil ... tient ordinairement assis presque debout, et ... sert de ses pieds de devant, comme d'une main, pour porter sa nourriture à sa bouche; au lieu de ... cacher sous terre, il est toujours en l'air; il est en tout temps très-éveillé; et, pour peu qu'on touche au pied de l'arbre sur lequel il repose, il sort de sa petite bauge, fuit sur un autre arbre, ou ... cache à l'abri d'une branche.

354. Lorsque l'on saura ... dont vous êtes capable, vous trouverez bien vite un emploi.

355. ...qui caractérise le furet, ...'est la haine furieuse avec laquelle il ... précipite sur tout lapin qui ... trouve à sa portée.

PRONOMS POSSESSIFS.

EXERCICE 38.

[Remplacez les points par l'adjectif possessif convenable. Ex. Ce sont *les miens*. Gr. §§ 98 et 99.]

356. Ce violon est-il aussi harmonieux que *le m...*?

357. Ces pierreries ne sont pas aussi belles que *les v....*

358. Vos dents sont blanches, *les m...* le sont moins.

359. Vos terres sont bien fumées, on ne saurait en dire autant des *n*....

360. Puisque vous parlez de jardin, avez-vous déjà vu *le n*...?

361. Que ces élèves reprennent les livres qu'ils nous ont prêtés, et qu'ils nous rendent *les n*....

362. Mes amis, après avoir examiné mon cheval, ont avoué que *les l*... étaient moins beaux.

363. Les Chinois ne creusent pas leurs puits artésiens[1] comme nous *les n*....

364. J'ai toujours mes vêtements d'hiver: pourquoi avez-vous déjà quitté *les v*...?

365. Si nos mœurs paraissent étranges à ces orientaux, nous pensons la même chose *des l*....

366. Ce couteau ne coupe pas : passez-moi *le v*....

367. Voici mon appréciation sur cette affaire, quelle est donc *la v*...?

368. Si tel est votre avis, messieurs, tel n'est pas *le n*....

369. Un berger, contemplant une mer paisible qui semblait inviter les hommes à se hasarder sur sa surface, s'écria : Vous voulez de l'argent, ô mesdames les Eaux ! ma foi ! vous n'aurez pas *le m*....

PRONOMS RELATIFS OU CONJONCTIFS.

EXERCICE 39.

[Indiquez l'antécédent du pronom relatif, et remplacez les points par le mot convenable. *Gr.* §§ 101 à 105.]

370. L'orphelin au sort de ... je m'intéresse a des dispositions extraordinaires pour la musique.

371. Quand l'eau gèle, elle augmente considérablement de volume et occupe par conséquent plus de place : aussi brise-t-elle souvent les vases dans *l*... elle est contenue.

372. L'eau avec *l*... on peut faire de l'eau de savon ne contient pas de plâtre en dissolution.

373. Il existe un très-grand nombre de substances ... peuvent être transformées en esprit-de-vin ou alcool : les principales sont : le sucre, les grains des céréales, les fibres des plantes, le vieux linge et bien d'autres matières encore.

374. La lune, à *l*... nous sommes portés à attribuer des dimensions considérables, est en réalité l'un des plus petits corps célestes ... nous connaissions.

---

1. *Puits artésiens*, puits très-profonds et très-étroits, que l'on perce avec une sonde, et par l'ouverture desquels l'eau jaillit avec force. — L'un des plus remarquables est celui de Grenelle, près Paris ; il a près de 600 m. de profondeur.

375. Le phosphore, *d* ... la propriété la plus saillante est de s'enflammer au contact de l'air, forme la base de la pâte *d*... est enduite l'extrémité de nos allumettes chimiques.

376. Heureux, a-t-on dit, les peuples *d*... l'histoire n'est pas intéressante!

377. Les fleuves d'Afrique sur les rives *d*...' croissent de hautes herbes sont très-recherchés des hippopotames.

PRONOMS INDÉFINIS.

EXERCICE 40.

[Copiez l'exercice suivant et soulignez les pronoms indéfinis. *Gr.* §§ 106 et 107.]

378. Il n'est personne qui ne soit mécontent des autres et satisfait de soi.

379. Quand on veut se défaire de son chien, on lui trouve toujours quelque défaut.

380. Rien n'est plus dangereux qu'un maladroit ami.

381. Les roses simples ont cinq pétales chacune.

382. Pardonnez-vous vos imperfections les uns aux autres.

383. Quiconque veut être sauvé, ne doit pas enfreindre les commandements de Dieu.

384. Tel pense nuire à autrui, qui souvent se nuit à soi-même.

385. Si quelqu'un vient me demander, dites que je suis sorti.

386. Quiconque veut étudier l'agriculture sans savoir un peu de chimie, tente de bâtir un édifice sur le sable.

387. Quand on réussit, on n'attribue le succès qu'à ses talents; quand on échoue, on n'attribue les revers qu'à la fortune.

388. Un proverbe dit : quand deux voleurs se dupent l'un l'autre, le diable n'en fait que rire.

389. Il y a bien des gens que le malheur d'autrui ne touche guère.

390. Quand on sème dans la tristesse, on récolte dans la joie.

391. Voulez-vous qu'on dise du bien de vous? ne dites du mal de personne.

392. Quiconque a beaucoup vu peut avoir beaucoup retenu.

393. Il est beaucoup de gens à deux pieds qui se parent des dépouilles d'autrui.

RÉCAPITULATION

SUR LES NOMS, LES ADJECTIFS, LES PRONOMS

[L'élève corrigera avec le plus grand soin les mots mis entre parenthèses, et il
écrira en toutes lettres les adjectifs numéraux.]

41. MALADIES DES CÉRÉALES.

I.

Les (céréale) sont le blé, le seigle, l'orge, l'avoine, en un mot
(tout) les (plante susceptible) de fournir de la farine. (Il) sont
la base de la nourriture des (homme) et des (animal). Il importe
donc beaucoup que la récolte de ces (plante) soit (abondant), et
que rien ne vienne nuire à leur développement. Malheureusement, (il) sont (sujet) à des (maladie) très-(préjudiciable) aux
(cultivateur). Les (principal) et les plus (redoutable) de ces (maladie) sont la rouille, l'ergot, le charbon et la carie.

II.

La rouille n'est pas autre chose qu'un tout petit champignon
qui vit sur les (céréale) (même). Ce champignon se montre surtout sur les (feuille), particulièrement sur leur face (inférieur);
mais il envahit aussi les (chaume), les (glume) ou (enveloppe) du
grain, et quelquefois le grain lui-même. La rouille tache les
(feuille) de points d'un blanc jaunâtre. Ces (point), examinés à
la loupe, paraissent (ovale), allongés, légèrement (saillant), (épars)
et rapprochés les uns des autres. A l'époque de la maturité, il
se forme au milieu de chacun d'eux une fente (long) et (si-
nueux), par où sort une poussière (orange) qui s'attache aux
(doigt). Quand cette poussière est très-(abondant), les (feuille) de
la plante jaunissent, et ne tardent pas à se faner. En même
temps, les (chaume) restent (maigre), les (épi) sont (rabougri) et
peu garnis de (fleur). Lorsque les (glume) elles-mêmes sont (malade), l'épi est tout à fait stérile. Quelquefois il s'échappe des
(feuille) une si grande quantité de poussière qu'elle jaunit les
habits des (personne) qui traversent le champ attaqué. Les (céréale) les plus exposées à la rouille sont le blé, l'orge et l'avoine.

On ne connaît aucun moyen de guérir cette maladie ; mais,
comme on a remarqué que la rouille disparaît quelquefois à la
suite de pluies (abondant), on pourrait essayer d'arroser les
(blé) rouillés avec une pompe. On a aussi constaté que sur les
(bord) de la mer, les (céréale) offrent à peine des traces de rouille.
Partant de là, on a eu l'idée de laver les (semence) des (céréale

dans une eau où l'on a fait dissoudre de la chaux et du sel. On assure que ce procédé a été souvent employé avec succès.

III.

L'ergot est aussi un petit champignon qui attaque un grand nombre de (*céréale*), mais spécialement le seigle. Dans le seigle ergoté, la place où auraient dû se trouver les (*grain*) est occupée par des corps (*dur*), (*oblong*), souvent recourbés, de couleur brunâtre ou violacée. Ces corps forment ce que l'on appelle l'ergot du seigle. (*Il*) atteignent parfois d'assez (*grand*) (*dimension*), car leur longueur peut varier de (1) à (5) centimètres. L'ergot est un véritable poison. Mêlé au pain dans (*un*) proportion un peu (*fort*), il peut déterminer des (*accident*) redoutables, entre (*autre*) la gangrène (*sec*), malheureusement trop commune dans (*certain*) cantons de la France. La Sologne jouit, sous ce rapport, d'une triste célébrité. Quelquefois l'ergot du seigle n'occasionne que des (*vertige*) ou des (*convulsion*) ; mais, le plus souvent, les (*pied*) et les (*main*) s'engourdissent, se flétrissent, perdent le sentiment et le mouvement, et finissent par se séparer du corps. L'amputation des (*membre*) atteints est rarement suivie de succès. Les (*effet*) désastreux de l'ergot du seigle nous font voir avec (*quel*) soins on doit éplucher les grains de cette céréale.

Les terres (*maigre*) et (*sablonneux*) sont plus (*sujet*) à l'ergot que les (*autre*). Les (*pied*) qui sont sur le bord du champ en sont plus communément atteints que ceux du centre. Pour nettoyer le seigle de l'ergot qu'il contient, on commence par le soumettre aux (*opération*) du criblage, du vannage et du ventage. Puis on enlève à la main l'ergot qui peut encore se trouver mêlé aux (*grain*). Cette opération n'est ni (*long*) ni difficile, à cause de la grosseur des corps dont on veut se débarrasser.

IV.

Le charbon ou nielle est un champignon encore plus funeste aux (*céréale*) que la rouille et l'ergot. Il respecte les (*feuille*) et les (*tige*), mais il attaque les (*support*) des épis, les (*glume*) ou enveloppes de la fleur et enfin l'intérieur des (*grain*). Le froment, l'orge et l'avoine sont principalement affectés du charbon. (*Cet*) maladie se manifeste de très-bonne heure, alors que les (*épi*) sont encore renfermés dans la graine formée par l'enroulement des (*feuille*). Les plantes (*malade*) sont de plus (*petit*) taille que les saines, et elles offrent une couleur (*vert*) beaucoup moins (*vif*). Dès que les (*épi*) paraissent, les (*grain*) sont déjà tout (*noir*), et quelques jours après, le vent en détache (*un*) poussière abondante (*noir*) ou d'un brun verdâtre, inodore, et un peu gluante quand elle est (*frais*). Quand la poussière est sortie de l'épi, il ne reste de ce dernier qu'une carcasse méconnaissable.

La poussière du charbon n'est pas aussi (*vénéneux*) que l'ergot du seigle. Il est vrai qu'elle noircit le visage des (*batteur*) en grange; mais elle n'occasionne pas chez eux de malaise grave, et elle se borne à provoquer une toux qui n'a rien d'opiniâtre. Elle ne communique (*aucun*) qualité nuisible à la farine, et n'exerce pas d'effet fâcheux sur les (*animal*). On débarrasse les (*céréale*) de la poussière du charbon en les soumettant à un lavage énergique; mais ce procédé détériore beaucoup les (*grain*), qui ne donnent plus ensuite qu'une farine de qualité (*inférieur*). Les (*préservatif*) employés contre le charbon sont les (*même*) que ceux auxquels on a recours pour combattre la carie.

V.

La carie est un petit champignon qui ressemble beaucoup au charbon et à la rouille; il ne se développe jamais que dans le grain. On a cru longtemps que la carie n'attaquait que le froment; mais (*cet*) maladie est plus (*général*), et un grand nombre des (*herbe*) qui composent nos (*prairie*) (*artificiel*) en éprouvent les (*atteinte*). (*Tel*) sont, par exemple, les (*ivraie*). Il résulte de là que les (*fourrage*) peuvent se ressentir des (*effet*) de la carie et perdre plus ou moins de leur qualité. Voici à quoi l'on reconnaît les (*céréale*) cariées. (*Il*) sont (*pâle*), (*maigre*); leurs (*épi*) sont plus (*court*) que d'habitude, et (*leur*) (*glume*) plus rapprochées, plus serrées que dans les (*épi*) (*sain*). Quand on brise les (*grain*) cariés, on les trouve remplis d'une matière (*noir*) et fétide, dont l'odeur rappelle celle de la marée.

La carie cause d'affreux (*ravage*) dans les (*moisson*); on en peut juger d'après (*un*) expérience due à Tillet. Cet agronome ayant semé des (*graine*) infectées de carie, dans le but de s'assurer si la maladie se reproduisait par les (*semaille*), compta dans un terrain de (6) (*mètre*) de long sur (1) mètre (60) centimètres de large (331) épis sains seulement, et 918 épis cariés. Un autre agronome, Tessier, a fait (*un*) épreuve plus (*concluant*) encore. Ayant posé sur des (*graine*) choisies pour semence (*un*) épingle trempée dans de la poudre de carie, et ayant ensuite confié (*cet*) semence à la terre, il put, après le développement des (*plante*), compter (81) épis malades sur un total de cent quatre-vingt-dix neuf (*épi*).

Le blé atteint par la carie est désigné par les (*cultivateur*) sous les *noms* de blé moucheté et de blé bouté. Il ne se vend qu'à vil prix et cause des (*perte*) (*énorme*). La poussière de la carie paraît plus (*vénéneux*) que celle du charbon. Chez les (*batteur*) en grange, elle détermine de (*vif*) (*démangeaison*) aux (*œil*), de l'oppression et une diminution d'appétit. Elle communique au pain, mais surtout à la farine (*un*) couleur (*cendré*), une (*mauvais*) odeur bien (*prononcé*), et une âcreté des plus (*désagréable*).

C'est par les (*semence*) que la carie se propage ; sa poussière tient fortement aux (*graine*), et n'en peut être détachée par des (*moyen*) (*mécanique*). Il faut qu'elle soit détruite par (*un*) substance agissant à la manière des (*poison*). C'est de là que vient la pratique du chaulage des (*grain*), mis en œuvre pour la (*premier*) fois il y a un peu plus de (100) ans.

Le chaulage consiste à plonger les (*semence*) dans (*un*) eau où l'on a fait dissoudre diverses (*substance*) (*chimique*). Celles que l'on emploie le plus souvent pour cet usage sont la chaux (*vif*), le sel marin, l'alun, le vert-de-gris, le sulfate de zinc ou vitriol blanc, le sulfate de soude, le sulfate de cuivre, l'arsenic, les (*urine*) putréfiées, le purin, la fiente de pigeon, etc. Habituellement on mélange plusieurs de ces (*ingrédient*). On allie, par exemple, la chaux et le sel, ou le sulfate de cuivre et le sel, ou enfin le sulfate de soude et la chaux. C'est de ce dernier mélange que l'on obtient les (*résultat*) les plus (*satisfaisant*).

LE VERBE.

EXERCICES SUR LES AUXILIAIRES AVOIR ET ÊTRE.

EXERCICE 42.

[Mettez les verbes *avoir* et *être* au temps indiqué ; faites accorder l'attribut suivant la règle. *Gr.* §§ 139 à 142.]

394. Les écoliers paresseux n'(*avoir*, futur) pas de prix.

395. Ta mère et ta tante (*être*, cond. prés.) satisfaites, si elles (*être*, imparf. de l'ind.) témoins de tant d'application.

396. Quand ce (*être*, futur) la saison, l'oiseau fera son nid.

397. Les oiseaux de proie (*avoir*, ind. prés.) des serres robustes et aiguës ; ils (*être*, ind. prés.) redoutés des autres volatiles.

398. Les sauvages (*être*, ind. prés.) contents quand ils (*avoir*, ind. prés.) des territoires de chasse où le gibier abonde.

399. Les anciens peuples (*avoir*, imp. de l'ind.), comme nous, des vaisseaux; mais ces vaisseaux n'(*être*, imparf. de l'ind.) pas si grands que les nôtres.

400. Comme les anciens n'(*avoir*, imp. de l'ind.) pas la connaissance de la boussole, il ne leur (*être*, imp. de l'ind.) pas possible de naviguer en pleine mer.

401. Quand les raisins (*être*, futur) mûrs et qu'ils (*avoir*, (futur) une peau vermeille, nous les vendangerons

402. Les melons qui (*être*, imparf. ind.) au marché (*avoir*, (imparf. ind.) une chair fondante.

403. Il y (*avoir*, cond. prés.) pour les cultivateurs un avantage considérable à fumer copieusement, à labourer un nombre de fois suffisant et à moissonner en temps convenable ; s'ils agissaient de la sorte, ils (*être*, cond. prés.) bientôt riches.

404. *Avoir*, (impér. 2e pers. du plur.) soin de sarcler les oignons et les carottes qui (*être*, ind. prés.) dans votre potager.

405. (*Être*, impér., 2e pers. du singulier) vertueux, et tu (*être*, futur) heureux.

406. (*Avoir* impér. 1re pers. du pluriel) l'amour de l'étude, et nous deviendrons savants.

407. Il faut que le cultivateur (*avoir*, subj. prés.) des chevaux percherons, des vaches normandes et des poules bressanes.

408. Pour peu que vos bestiaux (*être*, subj. prés.) malades, faites venir le vétérinaire.

409. Pendant le siége de Paris par Henri IV, il fallait que la famine (*être*, imp. du subj.) bien grande pour que les Parisiens (*avoir*, imp. du subj.) l'idée de faire du pain avec des os de morts.

410. Il faut que les anciens (*être*, passé du subj.) bien peu curieux pour n'avoir pas étudié la structure du corps humain.

411. Galilée a fait de belles découvertes en astronomie, bien qu'il n'(*avoir pas*, passé du subj.) à sa disposition des lunettes aussi bonnes que celles que nous (*avoir*, ind. prés.) aujourd'hui.

412. La ménagère qui (*avoir*, ind. prés.) taché un linge avec du vin, des cerises ou des groseilles, peut enlever la tache en brûlant au-dessous un peu de soufre ou simplement quelques allumettes; il faut mouiller auparavant le linge à l'endroit de la tache.

413. Celui qui (*avoir*, cond. prés.) une tache de sang sur ses vêtements la ferait disparaître en la lavant avec de l'eau salée; si c'(*être*, imp. de l'ind.) une tache de café, on l'effacerait avec de l'eau-de-vie blanche, ou mieux encore avec de l'esprit-de-vin.

414. Si quelqu'un (*avoir*, plus-q.-parf. de l'ind.) l'idée d'introduire chez nous la pomme de terre aussitôt après la découverte de l'Amérique, il (*avoir*, cond. passé) épargné aux hommes plus d'une disette.

, SUJETS ET COMPLÉMENTS.

Il est très-utile de savoir trouver le sujet et le complément des verbes; les élèves devront s'habituer à cet exercice, s'ils veulent savoir appliquer les règles d'accord : la plupart de ces règles, en effet, reposent sur la recherche du sujet et du complément.

EXERCICE 43.

IL EST BEAU DE NE PAS SE VENGER.

Le favori d'un sultan[1] jeta une pierre à un pauvre derviche[2], qui lui demandait l'aumône. Le religieux outragé n'osa rien dire : mais il ramassa la pierre et la garda, se promettant bien de la rejeter, tôt ou tard, à cet homme superbe et cruel. Quelque temps après, on vint lui dire que le favori était disgracié; que, par ordre du sultan, on le promenait dans les rues monté sur un chameau, et exposé aux insultes de la populace. A cette nouvelle, le derviche courut prendre sa pierre : mais après un moment de réflexion, il la jeta dans un puits : « Je sens à présent, dit-il, qu'il ne faut jamais se venger. Quand notre ennemi est puissant, c'est imprudence et folie : quand il est malheureux, c'est bassesse et cruauté. »

Questions qui servent à trouver le sujet; répondez à chacune des questions.

Qui est-ce qui jeta une pierre ?
Qui est-ce qui demandait l'aumône[3] ?
Qui est-ce qui n'osa rien dire ?
Qui est-ce qui ramassa la pierre[4] ?
Qui est-ce qui la garda?
Qui est-ce qui vint[5]?
Qui est-ce qui était disgracié?
Qui est-ce qui le promenait dans les rues ?
Qui est-ce qui courut prendre sa pierre ?
Qui est-ce qui la jeta dans un puits?
Qui est-ce qui sent ?

1. *Sultan*, titre qu'on donne à l'empereur des Turcs, et à quelques autres souverains musulmans.
2. *Derviche*, nom des religieux musulmans.
3. Réponse, *qui* mis pour *religieux*.
4. Réponse, *il* mis pour *religieux*.
5. Réponse, *on*.

Qui est-ce qui est puissant?
Qui est-ce qui est malheureux?

Questions qui servent à trouver le complément direct; répondez
à toutes les questions.

Le favori jeta quoi?
Le derviche demandait quoi?
Il ramassa quoi?
Il garda quoi[1]?
Se promettant de rejeter quoi?
On promenait qui?
Le derviche courut prendre quoi?
Il jeta quoi?
Il ne faut jamais venger qui[2]?

Questions qui servent à trouver le complément indirect; répondez à toutes les questions.

Le favori jeta une pierre à qui?
Le derviche demandait l'aumône à qui[3]?
Se promettant de la rejeter à qui?
On vint dire à qui?
Exposé à quoi?

EXERCICES SUR LES VERBES DE LA PREMIÈRE CONJUGAISON
Gr. § 143.

EXERCICE 44.

[Mettez à l'indicatif présent. — Si le sujet est au singulier, mettez le verbe au
singulier; si le sujet est au pluriel, mettez le verbe au pluriel.]

415. Les yèbles sont des plantes très-semblables au sureau et
qui ne (*pousser*) que dans les meilleures terres.

416. Si tu (*labourer*) bien ton champ, tu moissonneras beaucoup.

417. Si des individus disent qu'ils (*arracher*) des dents sans
faire de mal, ce sont des charlatans.

418. Les plus belles fleurs (*émailler*) le gazon qui (*tapisser*)
cette colline.

419. Lorsque vous (*pratiquer*) des entailles peu profondes au
tronc du pin maritime, vous (*déterminer*) l'écoulement de la matière connue dans le commerce sous le nom de térébenthine
commune ou térébenthine de Bordeaux.

420. Quand nous nous (*promener*) dans la campagne, nous
n'(*admirer*) pas assez les richesses dont nous (*combler*) la divine

1. Réponse, *la* mis pour *pierre*.
2. Réponse, *se* mis pour *soi*.
3. Réponse, *lui*, pour *à lui*.

2

Providence ; si nous (*observer*) par exemple les qualités que (*présenter*) réunies le frêne ordinaire, nous en serons émerveillés : son bois est si souple qu'on le (*courber*) et qu'on le (*façonner*) à volonté au moyen du fer, et néanmoins, dans les situations les plus forcées, il (*conserver*) encore toute sa force ; les tourneurs, les tabletiers et les ébénistes (*tirer*) un grand parti de ses portions noueuses.

EXERCICE 45.

[Mettez à l'imparfait de l'indicatif et faites accorder.]

LES GAULOIS A LA GUERRE.

Chez nos ancêtres les Gaulois, toute la tactique des armées (*consister*) en une attaque brusque et vive. Dans les terrains montagneux et boisés, surtout dans les vastes et épaisses forêts du nord, la guerre (*ressembler*) à une chasse : des dogues dressés à chasser l'homme (*dépister*), (*harceler*), (*déchirer*) l'ennemi. On (*tirer*) ces chiens de la Belgique ou de l'île de Bretagne. Une armée gauloise (*traîner*) à sa suite une multitude de chariots de bagages qui (*embarrasser*) sa marche. Chaque guerrier (*porter*) pendue à son dos, en guise de sac, une botte de paille ou de branchage, sur laquelle il s'asseyait dans les campements, ou même en ligne, en attendant l'instant de combattre. Les Gaulois des temps primitifs (*tuer*) leurs prisonniers de guerre : ils les (*crucifier*)[1] à des poteaux, les (*garrotter*) à des arbres, pour en faire un but à leurs armes de trait, ou les (*livrer*) aux flammes des bûchers dans d'effroyables sacrifices. Ils (*couper*) sur le champ de bataille les têtes des ennemis morts. Les fantassins les (*porter*) à la pointe de leurs piques ; les cavaliers les (*accrocher*) par la chevelure au poitrail de leurs chevaux, et l'expédition (*rentrer*) en grande pompe dans ses foyers. Chacun (*clouer*) à sa porte ou aux portes de sa ville ces hideux trophées.

EXERCICE 46.

[Mettez au passé défini et faites accorder.]

421. Quand les Européens (*aborder*) dans les Indes Orientales[2], et qu'ils (*contempler*) la riche végétation de ces contrées, si nouvelles pour eux, ils furent saisis d'admiration et (*jurer*) de faire jouir leurs compatriotes d'une partie de ces biens. Ils tinrent parole, car ils nous (*rapporter*) la canne à sucre, la cannelle, le poivre, le camphre et bien d'autres plantes alimentaires. Depuis, nous (*ajouter*) à la liste de ces importations

1. *Crucifier*, mettre en croix.
2. Contrées de l'Asie.

le figuier élastique, et nous en (*tirer*) le premier caoutchouc qui fut façonné en Europe.

422. Quand je (*visiter*) les Pyrénées, je (*profiter*) de l'occasion qui s'offrait à moi, et j'(*étudier*) les particularités relatives à l'exploitation des chênes-liéges, dont l'écorce fournit, comme on sait, la matière de nos bouchons.

423. L'Américain Fulton (*songer*) le premier à appliquer la vapeur à la marche des navires, et malgré tous les obstacles qu'il (*rencontrer*), il (*réaliser*) ce difficile projet, et (*doter*) ainsi l'humanité d'une nouvelle source de jouissances et de richesses.

EXERCICE 47.

[Mettez au futur et faites accorder.]

CONSEILS D'UN FERMIER.

Un fermier donnait à son fils ces sages conseils : « Je (*quitter*) bientôt les travaux de la ferme afin de me reposer pendant les quelques années qui me restent encore à vivre. Quand tu me (*succéder*), tu t'(*efforcer*), je l'espère, d'introduire dans ton exploitation toutes les sages améliorations que la science t'(*enseigner*). Je t'(*aider*) de mes conseils; nous ne (*négliger*) rien, nous (*surveiller*) tout de la cave au grenier. Le grenier à blé surtout (*attirer*) notre attention : nous y (*pratiquer*) d'assez nombreuses ouvertures, afin de pouvoir y établir des courants d'air dans toutes les directions. Nous (*substituer*) un parquet au carrelage, et nous (*déposer*) le grain en couches plus ou moins épaisses, afin de le faire sécher. Nous (*fixer*) l'attention des gens de service sur les ravages que pourraient y faire les insectes. Vous (*inspecter*) fréquemment, leur dirons-nous, les tas de blé; vous (*pourchasser*) par tous les moyens possibles les charançons, les fausses teignes, les alucites ; vous (*user*) pour les combattre de tous les procédés inventés par les agronomes.

EXERCICE 48.

[Mettez au subjonctif présent et faites accorder.]

LE TANNAGE DES CUIRS.

Il faut, mon enfant, que je te (*parler*) de l'un des arts les plus utiles à l'homme, celui du tanneur, et que tu t'(*appliquer*) à retenir ce que je vais te dire. Quand les animaux de boucherie ont été dépouillés de leur peau, si nous voulons que celles-ci se (*conserver*), il est nécessaire que nous les (*traiter*) d'une façon assez compliquée. En effet, il faut d'abord que nous les (*plonger*) dans une fosse avec de la chaux vive et de l'eau, ce qui les gonfle et les ramollit. Il faut ensuite que nous les (*épiler*)¹ sur un chevalet avec un couteau rond, que nous (*enlever*) l'épiderme, membrane très-mince qui recouvre la peau. Cela fait, les peaux ne sont pas encore converties en cuir : il faudra, si vous voulez obtenir ce dernier résultat, que vous les (*placer*) dans une fosse les unes au-dessus des autres, en les séparant par des couches de tan ou écorce de chêne réduite en poudre, que vous (*fouler*) bien chaque couche sous les pieds, et quand la fosse est remplie et recouverte d'un lit épais de tan, que vous y fassiez couler de l'eau lentement. Au bout de deux ou trois mois, comme le tan est épuisé, on retire les peaux, et on recommence l'opération avec du tan neuf. Il convient cette fois que les peaux (*rester*) dans les fosses un mois de plus. Enfin il est indispensable que l'on (*réitérer*) une troisième immersion pendant cinq mois. Le tannage dure donc en tout un an et souvent même dix-huit mois.

EXERCICES SUR LES VERBES DE LA DEUXIÈME CONJUGAISON
Gr. § 144.

EXERCICE 49.
[Mettez à l'indicatif présent et faites accorder.]

424. C'est en février que (*fleurir*)² le coudrier ou noisetier, le petit houx ou fragon et le bois gentil.

425. Le narcisse des prés est une plante très-printanière qui (*fleurir*) vers la fin de mars ou dans les premiers jours d'avril.

426. Si vous (*réussir*) à déraciner un préjugé populaire, vous aurez bien mérité de l'humanité.

427. Nous (*vomir*) quand nous avalons certaines drogues telles que l'ipécacuanha, l'émétique, la couperose bleue, la gratiole et bien d'autres substances.

428. Souvent vous commencez bien un ouvrage et vous le (*finir*) mal.

429. Je vous (*avertir*) du danger qu'il y a pour vous à coucher dans une chambre où vous (*réunir*) beaucoup de fleurs ou des monceaux de fruits.

430. Les ouvriers qui (*vernir*) les meubles se servent de vernis à l'esprit-de-vin; le plus beau de tous est fait avec la gomme copal dissoute dans l'alcool.

431. On croyait autrefois que le charbon ne pouvait pas être fondu ; mais à présent, au moyen de l'électricité, on (*ramollir*) le

1. *Épiler*, enlever le poil.
2. Lorsqu'on ne parle pas de fleurs, le verbe *fleurir*, fait *je florissais*, à l'imparfait de l'indicatif, et *florissant* au participe présent : la littérature *florissait* sous le règne de Louis XIV, un état *florissant*.

charbon, et, qui plus est, on (*réussir*) à le fondre et à le réduire en vapeur.

[Mettez au passé indéfini et faites accorder.]

432. Dieu dit à nos premiers parents : parce que vous (*désobéir*) à mes ordres, vous quitterez le paradis terrestre et vous mènerez une vie de peines et de douleur.

433. A force de recherches, les chimistes (*finir*) par extraire de la terre glaise un métal blanc, très-léger, très-résistant, presque aussi inaltérable que l'or et l'argent, et qui est connu aujourd'hui sous le nom d'aluminium.

434. Moi, disait un médecin, (*guérir*) l'année dernière tous les malades que j'ai soignés.

435. Quand nous avons pris possession du Canada, nous y (*bâtir*) la ville de Québec.

436. Le maître (*éclaircir*) pour moi tout ce qu'il y avait d'obscur dans la grammaire, et m'a appris aussi l'art de l'orthographe.

437. Vous (*adoucir*) les douleurs de bien des infortunés en découvrant les propriétés des substances anesthésiques, c'est-à-dire des substances qui nous rendent momentanément insensibles.

438. (*Guérir*) ce chien d'une blessure qu'il s'était faite à la patte.

[Mettez au conditionnel et faites accorder.]

439. Les plantes des pays chauds, transportées dans notre climat, n'y (*fleurir*) jamais, si nous ne les placions dans des serres dont la température égalât celle de leur pays natal.

440. Tu te (*divertir*) bien si tu assistais à un spectacle de lanterne magique ou de fantasmagorie.

441. Vous (*vieillir*) moins vite si vous meniez une vie active.

442. Si j'étais riche je ne me (*bâtir*) pas une demeure splendide ; mais sur le penchant de quelque agréable colline, je (*choisir*) un emplacement où je construirais une petite maison blanche avec des contrevents verts.

443. Quelques gouttes d'une liqueur acide tombant sur nos vêtements, les (*rougir*) ; nous pourrions faire disparaître ces taches rouges au moyen du liquide connu sous le nom d'ammoniac ou d'alcali volatil.

444. Quand nous creusons un puits, l'eau (*jaillir*) toujours en l'air si elle était en communication souterraine avec un ré-

servoir situé à un niveau plus élevé que le sol où nous sommes.

445. Les arbres (*périr*) si nous les dépouillions de leurs feuilles; car c'est par ces feuilles qu'ils respirent.

EXERCICE 52.

[Mettez à l'imparfait du subjonctif et faites accorder.]

446. On demandait à un vieux Romain ce qu'il souhaitait que devînt son fils combattant seul contre trois pour le salut de sa patrie: qu'il (*périr*), répondit-il.

447. Un astronome ne pourrait faire des découvertes qu'à la condition qu'on lui (*fournir*) des instruments d'une grande puissance.

448. Il faudrait que nous (*compatir*) toujours aux peines de nos semblables, et non pas que nous nous en (*réjouir*).

449. Je craignais que les bêtes féroces de cette ménagerie ne s'échappassent de leur cage et ne (*bondir*) sur les spectateurs.

450. Il faudrait que tu (*pétrir*) longtemps cette pâte pour qu'elle levât bien.

451. Il y aurait lieu d'appréhender que vous ne (*roussir*) vos vêtements en approchant si près du feu.

452. Pour que cette plaque de métal ne se rouillât point, il faudrait qu'on la (*vernir*).

453. Il était nécessaire que j'(*enfouir*) ce fumier dans la terre pour qu'il ne se décomposât pas trop vite à l'air.

EXERCICES SUR LES VERBES DE LA QUATRIÈME CONJUGAISON[1]

Gr. § 146 à 148.

EXERCICE 53.

[Mettez au présent de l'indicatif et faites accorder.]

454. Il y a trois choses qui sont cause que la chair des animaux se (*corrompre*)[2] après leur mort : la présence de l'air, celle de l'eau, et un certain degré de chaleur; supprimez l'une d'entre elles et vous pourrez conserver de la viande aussi longtemps que vous voudrez.

455. Quand les enfants (*interrompre*) les personnes d'un âge

---

1. Nous ne pouvons donner ici des exercices sur les verbes de la troisième conjugaison, irréguliers pour la plupart. — L'élève les trouvera à la fin de la grammaire.

2. *Corrompre.* Indicatif présent : je corromps, tu corromps, il corrompt, nous corrompons...

mûr pour se mêler à la conversation, ils (*commettre*) une indis-crétion inexcusable.

456. En même temps que les vipères (*mordre*), elles versent du venin sur la morsure.

457. Nous (*plaindre*) [1] les enfants assez mal inspirés pour dés-obéir à leurs parents.

458. Attendu que le vin est plus léger que l'eau, si vous (*prendre*) des précautions suffisantes, vous pourrez le verser sur cette eau sans que les deux liquides se mêlent.

459. Quand tu (*vendre*) les produits de tes champs, contente-toi d'un modeste bénéfice.

460. Je (*prétendre*) que le travail est la source du vrai bonheur et des plaisirs sans remords.

EXERCICE 54.
[Mettez au passé défini et faites accorder.]

461. Bien des siècles se sont écoulés depuis le temps où les hommes (*apprendre*) à dompter les chevaux et à en faire les auxiliaires de leurs travaux.

462. Quand nous mîmes à la voile, le temps était magnifique, mais bientôt une tempête survint et notre vaisseau se (*perdre*) sur la côte.

463. Nous (*craindre*) [2] de nous avancer plus avant dans la forêt, parce que le jour commençait à baisser.

464. Le baudet s'accusant de ses peccadilles s'écriait : Je (*tondre*) de ce pré la largeur de ma langue.

465. Tu étais encore tout jeune quand tu (*perdre*) tes parents.

466. Notre cœur se (*fondit*) en larmes quand vous me (*dépein-dre*) [3] votre infortune.

467. De quelle couleur (*teindre*) [4]-vous cette étoffe ?

EXERCICE 55.
[Mettez au conditionnel présent et faites accorder.]

468. Je (*craindre*) d'abuser de votre temps en vous priant de m'expliquer les causes du changement des saisons.

469. J'espère que tu (*défendre*) ta patrie si l'on venait l'atta-quer.

470. Si l'on nous questionnait sur la géographie nous (*ré-pondre*) très-bien.

471. Nous (*descendre*) par ce chemin dans la vallée, s'il n'était point trop rapide.

1. Voyez le § 148 de la *Grammaire*.
2, 3, 4. Voyez le § 148 de la *Grammaire*.

472. Vous (*rire*) bien si nous vous racontions les détails de notre voyage.

473. Nous (*répandre*) de la fiente de pigeon sur ce champ de chanvre, si le temps était favorable.

474. Vous (*joindre*) vos efforts aux nôtres si vous saviez à quoi nous voulons arriver.

REMARQUES SUR CERTAINS VERBES DE LA 1re CONJUGAISON.

EXERCICE 56.

[Remplacez le point par un *c* ou un *ç*. Ex. : Nous *avançons*. *Gr.* § 149.]

475. Plus nous *avan.ons* dans l'étude des sciences, plus nous voyons qu'il nous reste à apprendre.

476. Quand nous *commen.âmes* à faire du commerce avec l'Inde, nous en rapportâmes les étoffes connues sous le nom d'indiennes.

477. Autrefois les habitants des îles Baléares étaient renommés pour l'habileté avec laquelle ils *lan.aient* des pierres au moyen d'une fronde.

478. Si vous vous livrez à l'éducation des abeilles, ne *balan.ez* pas un seul instant à pratiquer l'essaimage artificiel, opération qui consiste à faire passer directement un vieil essaim d'une ruche dans une autre, sans le laisser s'échapper au dehors.

479. Ce ne fut que dans le courant du xvie siècle que nous *commen.âmes* à faire usage des accents dans la langue française.

480. On prétend que l'aigle a la vue si *per.ante* qu'il peut regarder fixement le soleil; mais cela tient tout simplement à l'existence d'une troisième paupière à demi transparente, que cet animal étend comme un rideau sur son œil.

481. Il ne faut pas se *ber.er* d'illusions et *renon.er* aux biens que l'on a sous la main pour courir après des richesses chimériques.

482. Les champs que nous *ensemen.ons* ont été parfaitement labourés.

EXERCICE 57.

[Remplacez le point par un *e*, s'il y a lieu. *Gr.* § 150.]

483. Ne *boug.ons* pas en écrivant.

484. Nous *mang.ons* en Egypte des melons d'eau délicieux.

485. Les Grecs croyaient que les Cyclopes, géants qui n'avaient qu'un œil au milieu du front, *forg.aient* des foudres pour Jupiter, le maître des dieux.

486. Les bottes de foin doivent être *rang.ées* dans un grenier inaccessible à la pluie.

487. Nous *partag.ons* les dix parties du discours en mots variables et en mots invariables.

488. Au moyen âge, les chevaliers *protég.aient* la veuve et l'orphelin.

489. Quand nous *chang.ons* notre monnaie contre une monnaie étrangère, le changeur prend une certaine commission.

490. Nous *exig.âmes* le paiement des fermages échus.

491. Ne *transig.ons* jamais avec notre conscience.

492. Ces matelots *nag.aient* parfaitement et *plong.aient* à une grande profondeur.

493. Les éloges que l'on nous donnait nous *encourageaient* à mieux faire encore.

494. Nous *propag.ons* les arbres fruitiers par semences, par greffes, par marcottes et par boutures.

495. Si nous ne *purg.ons* pas les champs d'oignons et de carottes de toutes les mauvaises herbes, ces plantes en seront bientôt étouffées.

496. Nous *pataug.ons* dans la boue depuis plus de deux heures.

497. *Song.ons* à sauver nos âmes.

498. *Soulag.ons* les misères de nos semblables.

499. Les chèvres *rong.aient* les jeunes pousses des arbrisseaux qui tapissaient les rochers.

EXERCICE 58.

[Remplacez le point par un *e* muet ou par un *è* grave. *Gr.* § 151.]

LES RIZIÈRES.

Le riz est une céréale des pays chauds qui ne pousse et ne *vég.te* qu'autant que son pied baigne dans l'eau. Pour établir une rizière, c'est-à-dire un champ de riz, on choisit un terrain incliné, on le nivelle, on le laboure, puis on *proc.de* à la construction de digues longitudinales et transversales destinées à retenir l'eau. Ces digues partagent la rizière en carrés, dont on *r.gle* la grandeur sur la différence de niveau qui existe entre le point le plus haut et le point le plus bas du champ. En outre, on augmente le nombre de ces divisions, si l'on craint que les vents ne *soul.vent* trop haut les vagues de la rizière. Ce travail *ach.vé*, on *am.ne* l'eau dans les compartiments, en faisant en sorte qu'elle arrive d'abord dans les compartiments situés à la partie supérieure du champ, et que de là elle *pén.tre* successivement dans les autres en descendant toujours, jusqu'à ce qu'elle atteigne l'extrémité la plus basse de la rizière. Le riz est une céréale peu épuisante; toutes les récoltes qui lui *succ.dent* après l'écoulement de l'eau sont abondantes et fort avantageuses. On *s.me* le riz en avril ou au milieu de mai. Le semeur, que *préc.de* un cheval qui tire une lourde planche pour aplanir le terrain, marche pieds nus dans l'eau qui inonde le champ, et répand la graine à la volée. Deux ou trois jours après, on abaisse l'eau de toute la rizière afin d'échauffer à la fois l'eau et le terrain ; mais on *rel.ve* cette eau dès que paraissent les premières feuilles. A partir de cette époque, on *él.ve* continuellement le niveau de l'eau.

EXERCICE 59.

[Mettez un *l* ou un *t*, deux *l*, ou deux *t*, suivant la règle. *Gr.* § 152.]

LES NÈGRES.

A l'heure qu'il est, il existe peut-être encore des gens qui *achèt.ent* encore des nègres sur la côte d'Afrique pour aller les revendre en Amérique comme des bêtes de somme. Cet ignoble trafic *s'appel.e* la traite des noirs. Voici comment elle se pratique : on se *je.te* à l'improviste sur ces malheureux, on les entraîne de force jusqu'au vaisseau qui les attend à la côte. On les y entasse, on les serre les uns contre les autres comme des objets que l'on *empaquet.e*. On ne *renouvel.e* leur nourriture que juste le nombre de fois qu'il est nécessaire pour qu'ils ne meurent point de faim. On les tient étroitement enchaînés, il s'en faut peu qu'on ne les *musel.e* comme des chiens. Ajoutez à ce tableau des légions d'insectes qui *harcel.ent*[1] sans cesse ces infortunés, qui sucent leur sang, et vous déciderez s'il est nécessaire que les nations civilisées s'inquiètent d'un tel état de choses et ne s'efforcent de le faire disparaître au plus vite ; elles auront ensuite à veiller à ce qu'il ne se *renouvel.e* plus. Livrés aux Américains, les nègres mènent l'existence des forçats : il arrive qu'on les *attel.e* comme des bêtes de trait, ou qu'on les charge de fardeaux si lourds qu'ils *chancel.ent* à chaque pas ; parfois même on leur *pel.e* le dos à force de leur prodiguer des coups de fouet. S'ils *projet.ent* de s'échapper et qu'on en ait connaissance, on s'ingénie à rendre leur condition plus malheureuse encore s'il est possible. Enfin la mort vient mettre un terme à leurs maux ici-bas ; mais cette puissance, qui *nivel.e* tous les hommes, atteint aussi leurs maîtres et les livre à la justice de Dieu.

EXERCICE 60.

[Écrivez les verbes en *ier* suivant la règle. Ex. : Que nous *liions. Gr.*, § 153.]

500. Joseph, fils de Jacob, dit un jour à ses frères : j'ai rêvé

---

1. *Harceler* et *peler* prennent un accent grave.

que nous (*lier*, imp.) ensemble des gerbes dans un champ ; que ma gerbe se dressait et se tenait debout et que les vôtres l'entourant, s'inclinaient devant elle et l'adoraient. Ses frères entendant ces paroles, se dirent entre eux : faudra-t-il donc que nous (*plier*, subj.) sous sa domination?

501. Vous rappelez-vous le temps où vous (*bonifier*[1], imp.) vos vins médiocres en ajoutant à votre moût une certaine quantité de glucose ou sucre de raisin?

502. Quand le grand Frédéric, roi de Prusse, vit que le meunier Sans-Souci, son voisin, refusait de lui vendre son moulin, il se tourna vers ses courtisans et leur dit : Ma foi, Messieurs, il faut que nous respections le bien d'autrui et que nous (*modifier*, subj.) nos plans.

503. Quand vous n'aviez que de l'eau saumâtre à votre disposition, ne la (*purifier*, imp.)-vous pas au moyen du filtre à charbon ?

504. Il se sera glissé quelque erreur dans nos comptes; il convient que nous les (*vérifier*, subj.).

505. Si vous ne (*sanctifier*, imp.) pas le saint jour du dimanche, vous commettriez un péché.

506. Je ne sais quelle mouche vous piquait hier ; mais vous (*crier*, imp.) comme un aveugle qui a perdu son bâton.

507. Arrangez-vous de telle sorte que vous (*concilier*, subj.) tous les intérêts.

508. Si nous (*raréfier*[2], imp.) l'air contenu dans un ballon en caoutchouc, nous rendrions celui-ci plus léger.

EXERCICE 61.

[Remplacez le point par un *i* ou par un *y*. Ex. : Je m'appuie. *Gr.* § 154.]

509. Une maîtresse disait à sa servante : si vous cassez quelque chose, vous me le *pa.erez* sur vos gages.

510. Que d'outrages Notre-Seigneur Jésus-Christ n'a-t-il pas *essu.és* de la part de ses ennemis !

511. Avez-vous reçu la lettre que nous vous avions *envo.ée?*

512. Les personnes charitables *s'apito.ent* sur le sort de tous les malheureux.

513. Les princes qui *guerro.ent* toujours ne font pas le bonheur de leurs sujets.

514. Dans une de ses fables, La Fontaine nous représente une colombe venant au secours d'une fourmi qui se *no.e.*

515. Un arc est une pièce de bois dont les deux extrémités

---

1. *Bonifier*, rendre meilleur.
2. *Raréfier l'air d'un ballon*, enlever une partie de l'air que contient ce ballon.

sont reliées par une corde, et qui se *plo.e* quand on tire celle-ci par devers soi.

516. Il faut que ce peintre *bro.e* finement ses couleurs pour les appliquer sur la toile.

517. Le vent *bala.ait* la neige qui couvrait la terre.

518. La servante *bala.era* devant la porte.

519. J'étais aimé de ce bon vieillard ; il me *tuto.ait* par affection.

520. Les fermiers raisonnables tiennent à ce que les charretiers ne *rudo.ent* pas leurs chevaux.

521. Les gens qui *coudo.ent* les passants sans dire gare, sont des impertinents.

RÈGLE D'ACCORD DU VERBE AVEC LE SUJET.

62. LES LÉZARDS.

[Indicatif présent. — Faites accorder le verbe avec le sujet. — *Gr.* § 159.]

Nous (*apercevoir*) fréquemment des lézards gris sur les vieux murs ou sur les arbres, où ils (*grimper*) avec une grande facilité. Lorsqu'on (*chercher*) à les saisir sur le mur où ils (*marcher*), ils se (*laisser*) tomber à terre et y (*rester*) quelques instants immobiles avant de prendre de nouveau la fuite. Ils se (*nourrir*) d'insectes, principalement de fourmis et de mouches. Leur chair est bonne à manger ; elle (*être*) saine et appétissante ; et on peut la faire cuire ou frire, comme celle des petits poissons.

63. LES AVALANCHES.

[Imparfait de l'indicatif. — Accord du verbe avec son sujet. — *Gr.* § 159.]

Pendant que nous (*voyager*) dans les Alpes, nous (*voir*) souvent la chute d'un grand nombre d'avalanches dans une seule après-midi. C'(*être*) d'énormes masses de neige qui (*rouler*) des sommets glacés des hautes montagnes, et qui, se grossissant dans leur course, (*acquérir*) un si grand volume et une telle vitesse, qu'elles (*entrainer*) tout ce qui se (*trouver*) sur leur passage, les arbres, les rochers et les habitations. Comme les avalanches (*causer*), dans les montagnes et les vallons, un tremblement accompagné d'un bruit égal à celui du tonnerre, il (*être*) impossible que les voyageurs, avertis du danger qui les (*menacer*), n'eussent pas le temps de s'y soustraire par la fuite.

64. LE PASSAGE DE LA LIGNE[1].

[Passé défini. — Accord du verbe avec son sujet. — *Gr.* § 159.]

J'avais pris place sur une frégate hollandaise qui devait me conduire aux Indes. Comme elle était admirablement gréée, elle (*faire*) bonne route et (*parvenir*) bientôt à couper la ligne. Qui l'eût cru? Nos matelots hollandais (*descendre*) ce jour-là de leur sérieux accoutumé; ils (*célébrer*) magnifiquement la fête du bonhomme la Ligne. Dès la veille au soir, novices, matelots, maîtres, (*quitter*) la pipe et se (*laver*) les mains. A cela seul on prévoyait un événement. Quand le soleil se fut éteint à l'horizon, au haut du mât un grelottement se (*faire*) entendre, accompagné d'une pluie de féverolles et de haricots, qui (*tinter*) sur le pont comme des grêlons sur l'ardoise. C'était le père la Ligne qui annonçait sa venue. Bientôt un courrier (*arriver*) de sa part, botté, éperonné, le fouet en main. Il (*remettre*) une dépêche au capitaine, qui la (*recevoir*) sans froncer le sourcil, la (*lire*) sans rire, et qui (*répliquer*) par un « c'est bon » qui voulait dire : à demain la fête. Un astronome (*paraître*) alors au bout des enfléchures, avec la barbe et le bonnet pointu, (*mesurer*) la hauteur du soleil, et (*venir*) ensuite gravement comparer le résultat de son observation avec celle du capitaine.

Le lendemain, dans un coin réservé qu'encadraient des voiles tendues, un vaste baquet plein d'eau (*apparaître*) solitaire et comme destiné à de grandes choses : c'était la cuve baptismale. Puis (*venir*) le cortège. En tête, perché sur un vieil affût transformé en chariot, s'(*avancer*) le bonhomme la Ligne et sa respectable épouse dans l'accoutrement le plus grotesque. Ces deux souverains regardaient en pitié les deux matelots déguisés en ours qui les traînaient et les personnages allégoriques qui les entouraient. Après le défilé, (*venir*) le baptême. Le contenu d'un seau d'eau versé dans la manche, un sur la tête, et une accolade des deux majestés burlesques, voilà à quoi se (*réduire*) la cérémonie pour les novices et les matelots. Les passagers comme moi n'en (*être*) pas quittes à si bon marché. Nous nous (*exécuter*) de bonne grâce, quelques piastres (*adoucir*) l'épreuve et nous (*valoir*) un passeport pour l'hémisphère austral. Mais à peine (*être*)-nous hors de cause, que (*retentir*) le signal de la grande mêlée, de l'aspersion horizontale et verticale. Trente seaux (*tomber*) en cataractes des hunes sur le pont. Tout en fut inondé, passagers, officiers, matelots; la

1. On parle ici de l'*équateur*, ligne imaginaire qui partage la terre en deux parties, l'hémisphère septentrional et l'hémisphère méridional ou austral.

lutte (*devenir*) générale, l'eau (*fendre*) l'air en tous sens. Tels (*être*) les principaux incidents de cette mascarade antique, dont on ne manque jamais de divertir les marins, lorsqu'on passe sur la ligne.

EXERCICE 65.

[Il y a plusieurs sujets. *Gr.* § 160.]

522. Le hérisson et la taupe ne (*vivre*, ind. prés.) que d'insectes.

523. Ton frère et ton cousin (*labourer*, passé indéf.) ce champ.

524. De tous temps les Arabes et les Berbères (*récolter*, passé déf.) les dattes.

525. Quand mon père et moi (*approcher*, passé déf.) de la ruche, l'essaim était parti.

526. Du haut de la falaise, ton frère et toi (*découvrir*, passé déf.) la mer calme et unie comme une glace.

527. Les cigognes et les hirondelles se (*plaire*, ind. prés.) à bâtir leurs nids au milieu de nos habitations.

528. La fougère et la bruyère (*servir*, ind. prés.) quelquefois à faire de la litière pour les bestiaux.

529. Le bouleau et l'érable (*contenir*, ind. prés.) une séve sucrée avec laquelle on fabrique une boisson spiritueuse dans certains pays, et du sucre dans d'autres.

530. Ta sœur et toi (*entreprendre*, ind. prés.) une trop longue course.

531. Les dindons et les chapons (*former*, ind. prés.) la meilleure volaille de nos basses-cours.

532. La fine plume de l'autruche et la plume plus fine encore du marabout, qui est une sorte de cigogne, (*orner*, ind. prés.) le chapeau de cette dame.

533. Le courage et la persévérance (*triompher*, ind. prés.) tôt ou tard des plus grands obstacles.

534. La vertu et le goût de l'étude (*être*, ind. prés.) deux routes qui conduisent au bonheur.

535. Le ciel et la terre (*raconter*, ind. prés.) la gloire de Dieu.

536. La grêle et la pluie (*tomber*, imp. de l'ind.) en même temps pendant l'orage.

537. Le lac et le fleuve (*communiquer*, imp. de l'ind.) ensemble, avant qu'on ne détournât le cours de ce dernier.

538. L'abricotier et le pécher (*fleurir*, futur) en avril et (*donner*, futur) des fruits au mois d'août.

539. Ce potiron, ce melon et ce pied de cornichon (*pousser*, passé déf.) sur la même couche.

540. Si les choses étaient ordonnées de façon à ce que le pommier et le prunier nous (*livrer*, imp. du subj.) leurs fruits à la même époque, nous n'aurions qu'un plaisir au lieu de deux.

541. Croyez-vous que les hommes ne se portaient pas aussi bien avant que le café et le chocolat ne (*introduire*, plus-que-parf. du subj. passif) dans leur alimentation?

RÉCAPITULATION

SUR LE VERBE

66. LA FAMILLE ABANDONNÉE.

[Mettez les verbes au pluriel.]

Un père, une mère et leurs deux enfants *vivai...* dans une île déserte de l'Océan où ils *avai...* été jetés par un naufrage. Des herbes et des racines leur *servai...* de nourriture. Ils *étanchai...* leur soif à une source qu'ils *avai....* eu le bonheur de découvrir, et ils *habitai...* dans le creux d'un rocher formant une caverne naturelle. Que de fois les vents et les tempêtes ne *venai...*-ils point les assaillir!

Les enfants ne se *rappelai...* point les circonstances qui les *avai...* jetés dans cette île. Ils ne *savai...* plus rien de la terre qui les avait vus naître. Le pain, le vin, les fruits, tous les aliments qui font les délices du continent leur *étai...* inconnus.

Un jour nos quatre solitaires (*voir*, p. déf.) aborder un petit esquif monté par quatre hommes noirs. Le père et la mère en *conçur...* la plus vive joie. Ils *pensai...* toucher à la fin de leurs maux; mais l'esquif était trop petit pour qu'ils *puss...* quitter l'île tous à la fois. Le père voulut être du premier départ.

La mère et les enfants *pleurai...*, quand il monta dans la petite barque et que les quatre hommes noirs (*prendre*, pas. déf.) les rames. Ne pleurez pas, s'écria le père, il fait bien bon là-bas où je vais. Vous m'y rejoindrez bientôt.

Le bateau étant revenu une seconde fois et ayant emmené la mère, les enfants se *désolèr...* de plus belle. Séchez vos larmes, leur dit celle-ci, nous nous reverrons dans une meilleure terre.

Enfin ce fut le tour des deux enfants : car l'esquif revint bientôt les chercher. Les hommes noirs leur *inspirai...* une véritable terreur. Ils *redoutai...* aussi l'Océan, dont ils *devai...* affronter les vagues. Ils *partir...* enfin en pleurant, et bientôt ils *approchèr...* du rivage.

Mais quel ne fut point leur délire quand ils *aperçur...* sur la côte leurs parents qui leur *tendai...* les bras. Ils s'y *précipitèr...* en pleurant; puis le père et la mère les *conduisir...* sous l'épais ombrage d'un bois de palmiers, et les *fir...* asseoir sur un gazon fleuri, où ils leur *offrir...* du lait, du miel et des fruits de toutes sortes. Oh! *s'écrièr...* les enfants, nous n'aurions pas dû avoir peur quand les hommes noirs *vinr...* nous chercher pour nous amener dans ce séjour des délices.

Mes chers enfants, répliqua le père, notre émigration de l'île déserte dans ce lieu fortuné renferme pour nous un plus haut enseignement.

Il nous reste à entreprendre un plus long voyage qui nous conduira dans un monde bien plus beau. Toute la terre que nous habitons ressemble à une île. La traversée de la mer en courroux, c'est la mort. Cette barque nous rappelle notre cercueil. Les hommes noirs *figur...* ceux qui nous porteront dans la tombe; mais quand viendra l'heure solennelle où vous, votre mère et moi nous (*devoir,* fut.) quitter ce monde, nous irons dans un endroit délicieux, qui est le ciel, car pour les hommes vertueux, la mort n'est qu'un voyage vers un monde meilleur.

67. PRÉCEPTES DE FRANKLIN.

[Mettez les verbes à la deuxième personne du singulier du futur. Ex. : *Tu ne mangeras...*]

1. — Ne *mange* pas jusqu'à être appesanti, ne *bois...* pas jusqu'à t'étourdir.

2. — Ne *dis* que ce qui pourra servir aux autres ou à toi-même : *évite* les conversations oiseuses.

3. — Chez toi *aie* une place pour chaque chose, et du temps pour chaque affaire.

4. — *Prends* la résolution de faire ton devoir: et *fais* sans y manquer ce que tu auras résolu.

5. — Ne *fais* de dépenses que pour le bien des autres ou pour le tien, et ne dissipe rien.

6. — Ne *perds* pas ton temps ; *occupe-toi* toujours à quelque chose d'utile ; *abstiens-toi* de toute action qui n'est pas nécessaire.

7. — N'*use* d'aucun méchant détour ; *pense* avec innocence et justice; *parle* comme tu penses.

8. — Ne *nuis* à personne, soit en lui faisant tort, soit en négligeant de faire le bien auquel ton devoir t'oblige.

9. — *Évite* les extrêmes. *Garde-toi* de ressentir les torts aussi vivement qu'ils te sembleront le mériter.

10. — Ne *souffre* aucune malpropreté, ni sur ton corps, ni sur tes vêtements, ni dans ta maison.

11. — Ne te *laisse* pas troubler par des bagatelles, ni par des accidents ordinaires ou inévitables.

12. — *Imite* les gens de bien.

68. BONHEUR DU LABOUREUR.

[Mettez le verbe à la seconde personne du singulier.]

Que tu es heureux, ô laboureur, toi qui ne *connai*... rien au delà de l'horizon de tes champs, et pour qui le village voisin même est une terre étrangère! Tu ne *laisse*... point ton cœur à des objets aimés que tu ne *reverra*... plus, ni ta réputation à la discrétion des méchants. Tu *met*... ta gloire à rendre heureux ceux qui t'environnent. Si tu ne *voi*... dans tes jardins ni les fruits de l'Asie, ni les ombrages de l'Amérique, tu *cultive*... des plantes qui font la joie de ta femme et de tes enfants. Tu n'*a*... pas besoin des monuments de l'architecture pour ennoblir ton paysage. Un arbre à l'ombre duquel un homme vertueux s'est reposé, te donne de sublimes ressouvenirs. La culture de tes blés te présente une ressemblance frappante avec la vie humaine: tu *connai*... à leurs ombres les heures du jour, à leurs accroissements les rapides saisons, et tu ne *comple*... tes années fugitives que par leurs récoltes innocentes. Tes travaux sont toujours surpassés par les bienfaits de la nature. Dès que le soleil est au signe de la Vierge, tu *rassemble*... tes parents, tu *invite*... tes voisins, et dès l'aurore tu *entr*... avec eux, la faucille à la main, dans les blés mûrs. Ton cœur palpite de joie en voyant tes gerbes s'accumuler, et tes enfants danser autour d'elles, couronnés de bluets et de coquelicots: leurs jeux te rappellent ceux de ton premier âge, et la mémoire des vertueux ancêtres que tu *espère*... revoir un jour dans un monde plus heureux. Tu ne *doute*... pas qu'il y ait un Dieu, à la vue de tes moissons; et aux douces époques qu'elles ramènent à ton souvenir, tu le *remercie*... d'avoir lié la société passagère des hommes par une chaîne éternelle de bienfaits. (D'après Bernardin de St-Pierre.)

69. PRÉTENDU BONHEUR DE L'HABITANT DES VILLES.

[Mettez *nous* au lieu de *je*, et le pluriel au lieu du singulier. Ex. : *Nous étions cultivateurs.*]

J'étais cultivateur comme vous, et *j'ai* voulu tenter fortune à la ville. On *me* disait qu'à Paris on payait les journées trois fois plus cher qu'au village, qu'on y vivait mieux et qu'un ouvrier pouvait y trouver une foule de plaisirs. *Je me laissai* séduire. *J'avais* économisé quelques sous, *je partis* pour la capitale ; en effet, au lieu de trente sous que *je gagnais* au pays, *j'eus* le bonheur de trouver de l'ouvrage en arrivant, et *je gagnai* trois francs et puis quatre francs par jour dans une usine. Mais on ne *m*'avait pas tout dit; à l'usine *j'étais mené* militairement : au travail depuis la pointe du jour jusqu'à la nuit; une demi-heure pour déjeuner et pour goûter; trois quarts d'heure pour dîner. *J'étais enfermé* toute la journée dans des salles où *j'étouffais* et *je travaillais* sans trêve ni repos, depuis l'entrée dans l'atelier jusqu'à la sortie.

Comme *je regrettais* alors nos bons bœufs limousins, si doux et si obéissants, et notre bonne vieille charrue! Comme *je regrettais* notre beau ciel si pur, et la méridienne, après dîner, sous le frais ombrage des grands chênes, et nos causeries le long des haies, et nos danses, le dimanche devant l'église!

J'ai passé six ans dans cet enfer et *j'en suis sorti* plus vieux de vingt années. De temps en temps une courroie accrochait un ouvrier, un père de famille, et l'infortuné, enlevé, broyé, haché, retombait sur le sol en morceaux!

Je gagnais, il est vrai, quatre francs et puis cinq francs par jour! Oui, mais là-dessus *je payais* un lit dans un dortoir commun et infect : une chambre eût été trop chère. Où était notre bonne étable aux vaches, si chaude l'hiver, si saine, si agréable! Le pain, la viande, les légumes étaient hors de prix; *je payais* tout, même l'eau que *je buvais*.

Puis, un beau jour, l'ouvrage n'alla plus, et *je fus* sur le pavé. *Je dus* aller servir les maçons.

Bientôt *je me trouvai* sans travail. *Mes* illusions sur les grandes villes étaient bien passées! Bien plus, ce tumulte, cette misère cachée sous de beaux habits, cette envie que *je portais* malgré moi aux gens que *je croyais* plus heureux, tout cela *me* pesait sur l'esprit et *me* remplissait de tristesse. *Je résolus* de quitter au plus tôt ce séjour où *j'étais* si malheureux, et de revenir voir notre cher village. *Me* voilà, *je jure* bien de ne plus le quitter.

(D'après V. BORIE.)

70. RAPIDITÉ DE LA VIE.

[Mettez *vous* au lieu de *tu*. Ex. : *Vous-même, ô mon fils, qui jouissez...*]

Les hommes passent comme les fleurs qui s'épanouissent le matin, et qui le soir sont flétries et foulées aux pieds. Les générations des hommes s'écoulent comme les ondes d'un fleuve rapide; rien ne peut arrêter le temps, qui entraîne après lui tout ce qui paraît le plus immobile. *Toi-même, ô mon fils!* mon cher fils! *toi-même, qui jouis* maintenant d'une jeunesse si vive et si féconde en plaisirs, *souviens-toi* que ce bel âge n'est qu'une fleur qui sera presque aussitôt séchée qu'éclose ; *tu te verras* changer insensiblement ; les grâces riantes, les doux plaisirs, la force, la santé, la joie, s'évanouiront comme un beau songe ; il ne *t*'en restera qu'un triste souvenir : la vieillesse languissante et ennemie des plaisirs viendra rider *ton* visage, courber *ton* corps, affaiblir *tes* membres, faire tarir dans *ton* cœur la source de la joie, *te* dégoûter du présent, *te* faire craindre l'avenir, *te* rendre insensible à tout, excepté à la douleur. Ce temps *te* paraît éloigné : hélas ! *tu te trompes*, mon fils ; il se hâte, le voilà qui arrive : ce qui vient avec tant de rapidité n'est pas loin de *toi* ; et le présent qui s'enfuit est déjà bien loin, puisqu'il s'anéantit dans le moment que nous parlons, et ne peut plus se rapprocher. Ne *compte* donc jamais, mon fils, sur le présent ; mais *soutiens-toi* dans le sentier rude et âpre de la vertu par la vue de l'avenir. *Prépare-toi*, par des mœurs pures et par l'amour de la justice, une place dans l'heureux séjour de la paix.   (FÉNELON.)

---

71. GUILLAUME TELL[1] ET SON FILS.

[Mettez *tu* au lieu de *vous*. Ex. : Je n'ai pu me décider sans *t*'avoir embrassé...]

Il regarde son fils, s'arrête en levant les yeux au ciel, jette son arc et sa flèche, et demande à parler à Gemmi ; quatre soldats l'amènent vers lui.

« Mon fils, dit-il, je n'ai pu me décider, sans *vous* avoir embrassé encore une fois, et que je *vous* aie répété ce que je *vous* ai dit. *Soyez* immobile, mon fils ; *posez* un genou en terre, *vous serez* plus sûr, ce me semble, de ne pas faire de mouvement. *Vous prierez* Dieu, mon fils, de protéger *votre* malheureux père. Non, ne le *priez* que pour *vous*, de peur que mon idée ne *vous* attendrisse, et ne vienne affaiblir peut-être ce mâle courage que je ne saurais voir sans l'admirer ; que ne puis je l'imiter ! Oui, mon enfant, je ne puis me montrer aussi grand que *vous*. *Soutenez* cette fermeté dont je voudrais *vous* donner l'exemple ; oui, *demeurez* ainsi, *vous* voilà comme je *vous* voulais. Comme je *vous* voulais ! malheureux que je suis, et vous le souffririez, ô mon Dieu ! *Écoutez*, *détournez* la tête, *vous* ne *savez* pas, *vous*

---

1. *Guillaume Tell*, un des chefs de la révolution suisse de 1307, était du canton d'Uri. Ayant refusé de saluer le chapeau que Gessler, gouverneur du pays pour le duc d'Autriche, avait fait élever sur la place publique d'Altorf, il fut, dit-on, condamné à mourir, à moins qu'il ne réussît à abattre avec une flèche une pomme placée sur la tête de son fils Gemmi.

ne *pourriez* prévoir l'effet que produira sur *vous* ce fer brillan . dirigé sur *votre* front. *Détournez* la tête, mon fils, ne me *regardez* pas.

» Non, non, lui répondit l'enfant, ne craignez rien, je vous regarderai et ne verrai point la flèche; je ne verrai que vous.

» Ah! mon cher fils! s'écria Guillaume Tell, ne me *parlez* pas, *votre* voix, *votre* accent m'ôteraient ma force ; *priez* Dieu, et qu'il nous protége! »

Guillaume l'embrasse en disant ces mots, pose la pomme sur sa tête, et, se retournant brusquement, regagne sa place à pas précipités. Là, reprenant son arc, sa flèche, il accoutume son œil à ne regarder que la pomme. Profitant de cet instant, aussi rapide que la pensée, où il parvient à oublier son fils, il vise, tire, lance son trait, et la pomme emportée vole avec lui.

LE PARTICIPE.

—

PARTICIPE PRÉSENT ET ADJECTIF VERBAL.

72. LES OISEAUX-MOUCHES.

[Laissez le participe présent invariable ; faites accorder l'adjectif verbal. — Gr. §§ 181 à 185.]

C'est en Amérique que se trouvent les plus petits oiseaux que l'on désigne sous le nom d'oiseaux-mouches. De tous les êtres animés ils sont les plus (*élégant*) pour la forme, et les plus (*brillant*) pour les couleurs. (*Touchant*) à peine le gazon par instants, ne (*souillant*) jamais leurs habits de la poussière de la terre, ils sont toujours en l'air, (*volant*) de fleurs en fleurs, (*vivant*) de leur nectar, et n'(*habitant*) que les climats où sans cesse elles se renouvellent. On les voit s'arrêter quelques instants devant une fleur, et partir comme un trait pour aller à une autre; ils les visitent toutes, (*plongeant*) leur petite langue dans leur sein, les (*flattant*) de leurs ailes, ne s'y (*fixant*) jamais, mais ne les (*quittant*) jamais non plus. (*Poursuivant*) avec furie des oiseaux vingt fois plus gros qu'eux, (*s'attachant*) à leur corps, se (*laissant*) emporter par leur vol, les (*becquetant*) à coups redoublés, ils ne les quittent point qu'ils n'aient assouvi leur petite colère. Leur course aérienne est continue, (*bourdonnant*) et rapide; on compare le bruit de leurs ailes à celui d'un rouet. Leur battement est si vif, que l'oiseau-mouche, (*s'arrêtant*) dans les airs, paraît non-seulement immobile, mais tout à fait sans action.

73. LES ABEILLES.

Les sociétés d'abeilles se composent de trois sortes d'habitants : les bourdons ou mâles, les reines ou femelles et les ouvrières ou mulets. Chaque colonie n'a d'ordinaire qu'une seule reine et qu'un assez petit nombre de bourdons, tandis que le chiffre des ouvrières s'élève parfois jusqu'à vingt-cinq mille.

Les ouvrières s'(*adonnant*) à tous les travaux de la ruche déploient une activité (*incessant*) ; elles visitent les fleurs, (*ramassant*) la poussière jaune appelée pollen qui s'y trouve contenue, et (*suçant*) la liqueur sucrée que renferment de petits réservoirs spéciaux. En outre, les ouvrières vont à la recherche d'une matière résineuse et (*odorant*) nommée propolis, avec laquelle elles bouchent l'entrée de leur habitation.

Tout le monde connaît les constructions (*étonnant*) qu'exécutent les abeilles et que l'on appelle des gâteaux. Ce sont des amas de petites chambrettes dites cellules, (*servant*) soit de magasins pour le miel, soit de domiciles pour les larves. Les gâteaux sont formés d'une cire qui suinte, pendant la belle saison, du ventre des ouvrières. Les cellules constituent de petits godets à six pans, (*béant*) d'un côté. Le fond des cellules présente six angles alternativement (*rentrant*) et (*saillant*), se (*raccordant*) avec le pourtour de la cellule. Les gâteaux offrent deux couches de cellules adossées. Dans cette construction, les abeilles sont surtout (*étonnant*) par l'économie qu'elles savent faire de la matière et de l'espace : aussi les pièces du fond des cellules de l'une des couches constituent-elles les fonds des cellules de l'autre.

La reine a le corps plus gros que celui des ouvrières ; celles-ci semblent lui témoigner toutes sortes d'égards : on les voit lui prodiguer des soins assidus, la (*nettoyant*), la (*frottant*) et lui (*présentant*) de temps en temps du miel qu'elles dégorgent. A mesure que la reine pond un œuf, les ouvrières le déposent dans une cellule, dont elles bouchent l'ouverture avec un couvercle de cire. De cet œuf sort bientôt une larve, qui se transforme successivement en nymphe et en insecte parfait. Puis, (*perçant*) les murs de sa prison, la jeune abeille va se mêler aux autres habitants de la colonie. Celle-ci s'augmentant sans cesse, une émigration devient nécessaire ; elle a lieu dès qu'il est né une jeune reine.

A ce moment, un grand nombre d'abeilles, (*ayant*) à leur tête la vieille reine, abandonne l'habitation. Cette colonie (*er-*

rant) est ce que l'on nomme un essaim. L'essaim ne tarde pas à s'arrêter dans un endroit quelconque, souvent sur une branche d'arbre, où, se (*cramponnant*) les unes aux autres, elles forment une espèce de grappe ou de cône allongé.

La cause prochaine et en quelque sorte (*déterminant*) du départ d'un essaim est l'antipathie (*existant*) entre la jeune reine et la vieille, et l'inquiétude qui en résulte pour les ouvrières. Ces sentinelles (*vigilant*) harcèlent de toutes parts la reine qui doit émigrer; celle-ci, (*cédant*) à leur impulsion, s'envole suivie d'un grand nombre d'ouvrières, et va s'établir dans un autre endroit. La colonie, en cas de péril, est défendue par les ouvrières; celles-ci veillent sans cesse à la ruche, et font une reconnaissance scrupuleuse de tous les individus qui y entrent, en les (*touchant*) avec leurs antennes.

Dans beaucoup de localités, les habitants des campagnes se livrent avec profit à l'éducation des abeilles. La cire et le miel (*provenant*) des travaux de ces insectes se vendent bien. La récolte de ces produits est d'autant plus (*abondant*) que l'endroit où l'on a installé les abeilles a été mieux choisi. Il faut que dans son voisinage il y ait de l'eau, non pas une eau (*courant*), mais une eau (*croupissant*); car c'est celle-ci que les abeilles affectionnent davantage. Il faut encore que les abeilles trouvent à proximité beaucoup de fleurs, surtout des fleurs (*odorant*). Elles se plaisent bien sur la limite des forêts. S'(*enfonçant*) dans leurs massifs, (*butinant*) parmi leurs bruyères, ne (*craignant*) point de s'éloigner de plusieurs lieues du rucher, elles reviennent chargées d'une quantité (*étonnant*) de provisions. Elles aiment aussi beaucoup à picorer sur les fleurs du sarrasin et sur celles des luzernes, des trèfles, des sainfoins, des vesces, qui constituent pour nos champs des parures (*ravissant*) autant que splendides.

L'abeille est pourvue d'une arme défensive dont l'effet est terrible : leur corps se termine par un aiguillon percé d'un petit tuyau par lequel s'écoule un liquide empoisonné. Les piqûres que fait cet appareil sont accompagnées de douleurs (*poignant*), insupportables. Heureusement le remède qui les fait disparaître est des plus simples : il suffit de frotter la plaie immédiatement avec des feuilles de persil.

PARTICIPE PASSÉ.

EXERCICE 74.

[Participe passé employé seul. — Faites accorder avec le nom. — *Gr.* §§ 185 et 186.]

542. Les terres bien (*fumé*), bien (*amendé*), bien (*labouré*), ne peuvent manquer de donner une bonne récolte.

543. Des cahiers bien (*tenu*), une écriture (*soigné*), des livres non (*taché*) d'encre, non (*déchiré*), sont la marque à laquelle on reconnaît un bon élève.

544. Les fils du télégraphe électrique, (*agité*) par le vent, produisent des sons (*désigné*) sous le nom de sons éoliens.

545. Les escargots (*ramassé*) pendant la belle saison, (*renfermé*) dans des cages en bois, et (*soumis*) à un long jeûne, deviennent bons à manger.

546. Les maisons (*exposé*) au midi, (*préservé*) de toute humidité et bien (*aéré*), sont préférables à toutes les autres.

547. Les fruits (*récolté*) avant leur maturité, ou comme on dit encore, (*cueilli*) trop verts, peuvent occasionner de fortes coliques.

548. Des habits (*brossé*) tous les jours, des cheveux soigneusement (*peigné*), des souliers bien (*ciré*), des mains bien (*lavé*), dénotent un enfant désireux de satisfaire ses parents.

549. Les objets d'art (*cuivré*), (*argenté*), (*doré*) ou (*recouvert*) d'un métal quelconque par la galvanoplastie, offrent le même aspect que s'ils étaient en métal massif.

550. Les aliments (*introduit*) dans la bouche, (*broyé*) par les dents, (*imbibé*) par la salive, (*modifié*) dans l'estomac par le suc gastrique, et dans la partie étroite des intestins par la bile et quelques autres sucs, se trouvent (*changé*) en une sorte de bouillie (*appelé*) chyle, qui, seule, est capable de sustenter notre corps et de réparer les pertes qu'il fait à chaque instant.

551. Les pommes de terre, (*arraché*) à leur maturité, (*lavé*) et (*débarrassé*) de la terre qui les salissait, (*râpé*) au moyen d'un cylindre (*armé*) de lames tranchantes, et (*passé*) au tamis, sont (*métamorphosé*) en fécule.

552. Les betteraves, (*nettoyé*) et (*déchiré*) avec une râpe, fournissent une pulpe ou sorte de pâte que l'on presse pour en extraire le jus. Cette liqueur, (*traité*) par la chaux, (*filtré*), (*réduit*) en sirop par la cuisson, (*décoloré*) au moyen du charbon animal et (*versé*) dans des moules, se convertit en sucre.

553. Les nerfs sont des cordons (*formé*) d'une matière blanche et molle. Ces cordons, (*issu*) de la moelle épinière et (*divisé*) par une infinité de petits fils (*répandu*) sur toute la surface du corps, transmettent à l'âme les impressions extérieures et président à tous nos mouvements.

554. C'est de l'écorce du chanvre que s'extrait la filasse dont on fait du fil et des cordages. A cet effet, les pieds de chanvre, (*arraché*) et (*réuni*) en bottes, sont plongés dans l'eau d'une mare ou d'un ruisseau tranquille, opération qui constitue le rouissage. Ensuite les tiges, (*séché*) au soleil et à l'air, n'ont plus

qu'à être brisées avec des outils appelés **mâchoires, pour fournir** les fibres qu'elles contiennent.

555. Le porc est un des animaux les plus utiles : avec ses **intestins** bien (*lavé*) on fait des andouilles ; avec sa chair (*haché*)
on fait des cervelas ; avec sa graisse et son sang (*mêlé*) ensemble
et (*enfermé*) dans une portion de boyau, du boudin ; avec ses
cuisses et ses épaules (*salé*), (*fumé*), des jambons ; avec ses poils,
(*connu*) sous le nom de soies, les ouvriers qui cousent le cuir
guident soit leur alêne, soit leur aiguille.

556. Les choux, (*découpé*) en rubans fins avec un instrument
fait exprès, (*disposé*) dans un tonneau par couches alternatives
avec du sel, (*aromatisé*) avec du genièvre et du carvi, fortement
(*pressé*) à leur partie supérieure, (*maintenu*) dans cet état jusqu'à ce qu'il se soit produit un commencement de fermentation et que la saumure (*formé*) sorte claire comme de l'eau
pure, constituent la choucroûte, l'un des mets nationaux des
Allemands.

EXERCICE 75.

[Participe avec *être*. — Faites accorder avec le sujet. — *Gr.* § 187.]

557. Voici comment on fabrique le vin : les grappes de raisin
sont (*apporté*) dans la cuve et (*foulé*) de temps en temps avec une
sorte de massue en bois ; elles sont ensuite (*écrasé*) par un
homme qui descend dans la cuve et presse les grains avec ses
pieds. La masse est alors (*abandonné*) à elle-même et la température est (*entretenu*) tiède dans l'endroit où est le vin, afin d'ac-
tiver la fermentation. Dès que celle-ci est (*commencé*) il n'y a
plus à s'occuper de rien jusqu'à ce qu'elle soit presque (*achevé*).

558. Alors la liqueur vineuse est (*soutiré*) et (*mis*) dans des
tonneaux qui ne sont hermétiquement (*fermé*) que cinq ou six
semaines plus tard.

559. La soie est (*produit*) par une chenille originaire de l'Asie
orientale ; cette chenille est (*désigné*) vulgairement sous le nom
de ver à soie. Les vers à soie ne furent (*introduit*) en Europe
que dans le VIe siècle. A cette époque, des graines en furent
(*apporté*) à Constantinople par deux missionnaires grecs.
Comme l'exportation en était sévèrement (*défendu*) par les
Chinois, ces religieux avaient caché leur précieuse acquisition
dans l'intérieur des bambous qui leur servaient de bâtons de
voyage.

560. L'éducation des vers à soie fut d'abord (*tenté*) à Constantinople. Comme elle y réussit, elle fut bientôt (*répandu*) dans
cette partie de la Grèce (*appelé*) aujourd'hui la Morée, à cause du

grand nombre de mûriers qui y furent (*planté*) pour la nourriture des vers à soie. De là les insectes furent (*transporté*) en Si-
cile et dans l'Italie méridionale par les soins du roi Roger ; ils y
furent (*remarqué*) par des gentilshommes français pendant la
guerre que ces derniers firent dans ce pays en 1494, et (*importé*)
en France. Aujourd'hui toutes nos provinces du Midi sont (*couvert*) de mûriers qui servent à l'éducation des vers à soie.

561. Les principales essences de bois dont nos forêts sont
(*peuplé*), sont le chêne, le hêtre, le bouleau, le tilleul et le peu-
plier. Ces espèces sont (*employé*) pour les constructions navales,
la charpente, la menuiserie et le chauffage.

562. Quand les vieux pieds d'arbres que l'on abat sont (*réservé*)
à la charpente, ils sont (*équarri*), c'est-à-dire (*taillé*) sur quatre
faces.

563. Les hommes passent comme les fleurs qui s'épanouissent
le matin , et qui le soir sont (*flétri*) et (*foulé*) aux pieds.

564. Les malades ne sont jamais (*convaincu*) qu'ils touchent à
leur dernière heure.

565. Les tourbières sont (*formé*) de débris de végétaux (*entre-
lacé*); elles ont parfois une grande épaisseur et sont souvent
(*disposé*) en couches (*séparé*) par des lits de limon. Les terrains
qui en sont (*formé*) ont si peu de consistance qu'on ne peut y
marcher sans enfoncer, que les pieux de bois qu'on y veut faire
entrer sont (*repoussé*), et que les corps lourds qui y sont (*placé*)
disparaissent en peu de temps.

EXERCICE 76.

[Participe avec *avoir*. — Faites accorder ou non le participe selon qu'il est ou
n'est pas précédé du complément direct. — *Gr.* § 188.]

566. Ceux qui ont beaucoup (*voyagé*) aiment à parler des pays
qu'ils ont (*parcouru*), des villes qu'ils ont (*visité*), des rivières
qu'ils ont (*traversé*) ou sur lesquelles ils ont (*navigué*), des monuments qu'ils ont (*aperçu*), des usages qu'ils ont (*observé*), des
particularités de mœurs qui les ont (*frappé*), en un mot de
toutes les choses qu'ils n'avaient pas coutume de voir

567. Les peuples modernes ont le droit d'être fiers des grandes
découvertes qu'ils ont (*fait*). Pour justifier ce que nous venons
de dire, il nous suffira de rappeler, la poudre à canon, qu'ils
ont (*découvert*) au commencement du xIVe siècle ; — l'imprimerie, qu'ont (*inventé*) Guttenberg, Jean Fust et Pierre Schœffer,
vers le milieu du xVe siècle, et qui a (*changé*) la face du monde;
— la télégraphie aérienne, qu'ont (*imaginé*) les frères Chappe
dans les dernières années du xVIIIe siècle ; — les applications
merveilleuses de la force de la vapeur, qu'avaient (*entrevu*)

Salomon de Caus et Papin, et qu'ont (*réalisé*) Newcomen, Watt, Seguin et plusieurs autres; — les aérostats, qui datent aussi de la fin du dernier siècle et qui commencent à recouvrer la faveur qu'ils avaient quelque peu (*perdu*); — la pile électrique, laquelle, à son tour, nous a (*donné*) le télégraphe électrique; — la photographie, (*né*) d'hier et qui a déjà (*produit*) tant d'œuvres remarquables.

568. Malgré notre dédain pour les peuples sauvages, nous les avons plus d'une fois (*imité*), et ce n'a pas toujours été leurs bonnes habitudes que nous leur avons (*emprunté*). Les naturels de l'Amérique aspiraient la fumée des feuilles de tabac après les avoir (*soumis*) à une certaine préparation; nous avons (*adopté*) cette mode que Jean Nicot, ambassadeur de France en Portugal, nous aurait (*rapporté*) en 1560.

569. Les insectes ont toujours (*excité*) l'admiration de ceux qui les ont (*observé*) attentivement. C'est principalement à propos de leurs changements de formes qu'ils ont (*causé*) la surprise la plus vive. Les insectes naissent d'un œuf; quand ils en sortent ils ressemblent à un ver, et c'est la dénomination que leur ont toujours (*donné*) les personnes étrangères à l'histoire naturelle; mais dans cet état ils sont appelés larves par les naturalistes. Les larves les plus connues sont les chenilles. Elles proviennent d'œufs qu'ont (*pondu*) les femelles des différentes espèces de papillons. Après être restés plus ou moins longtemps dans cet état, et après avoir (*éprouvé*) plusieurs mues, c'est-à-dire après avoir (*changé*) de peau plusieurs fois, les insectes se changent en nymphes. Pendant cette seconde période de leur existence, ils ont (*cessé*) de prendre de la nourriture et ils restent dans la plus complète immobilité. Tantôt la nymphe est renfermée dans la dernière peau qu'elle a (*quitté*); tantôt elle est recouverte d'une peau mince appliquée sur son corps et semblable à des langes dans lesquels on l'aurait (*emmaillotté*). A la fin, l'animal se débarrasse de cette enveloppe, déploie ses ailes qui sont d'abord très-molles, mais qui ont bientôt (*acquis*) une consistance suffisante, et devient ce que l'on appelle un insecte parfait.

570. Le lait des vaches est sujet à plusieurs altérations que les agriculteurs ont (*qualifié*) de maladies. Ils ont (*distingué*) entre autres le lait aqueux, le lait amer, le lait filant, le lait aigri, le lait sanguinolent et le lait bleu.

571. Le lait aqueux est bleuâtre, pauvre en crème et en fromage et très-chargé de petit-lait. Il est (*produit*) par les vaches qu'on a (*nourri*) d'herbe verte et humide, ou qui ont (*consommé*) une trop grande quantité de racines et de tubercules. D'autres

fois cet accident doit être imputé soit à la faiblesse des bêtes laitières, soit à leur jeune âge, soit aux maladies qu'elles ont (*eu*) antérieurement, soit enfin aux résidus de brasseries et de distilleries avec lesquels on les a (*engraissé*).

572. Le lait amer se produit de temps en temps chez certaines vaches. Cette maladie dure plusieurs semaines ou quelques jours seulement. Les agronomes l'ont (*attribué*) soit à la mauvaise nourriture, soit à une affection des organes digestifs ou du foie.

573. Une curieuse altération que les cultivateurs ont plus d'une fois (*remarqué*), est celle qui constitue ce que l'on a (*appelé*) le lait filant ou visqueux. Il est si gluant qu'il peut être (*étiré*) en fils semblables à des fils de caoutchouc. Cet accident survient chez les vaches qui ont (*contracté*) une maladie des sabots, ou auxquelles on a (*donné*) une nourriture gâtée, moisie ou pourrie.

574. Certains laits s'aigrissent promptement : vous reconnaîtrez leur altération au moyen de petits papiers bleus, dits papiers de tournesol, que vous y aurez (*plongé*). Si, pendant cette épreuve ils ont (*conservé*) leur couleur bleue, le lait est bon ; mais s'ils sont (*devenu*) rouges, c'est que cette liqueur a (*tourné*) à l'acide. Un temps orageux, des digestions pénibles, des fourrages ou d'autres aliments acides, l'action d'un soleil ardent, ont souvent (*occasionné*) cette maladie du lait. Linné l'avait déjà (*produit*) artificiellement au moyen d'une plante à laquelle nos cultivateurs ont (*donné*) le nom de grassette.

575. Les vétérinaires ont (*appelé*) laits sanguinolents ceux qui ont une teinte rougeâtre. Cette teinte leur est quelquefois (*communiqué*) par la garance ; dans ce cas elle n'indique pas une mauvaise qualité du lait ; mais a-t-elle été (*observé*) chez des vaches que l'on a (*nourri*) avec un fourrage contenant des renoncules, des euphorbes, de jeunes bourgeons de pins, d'ormes ou de peupliers, alors elle est le signe de la mauvaise qualité que le lait a (*acquis*).

576. Les fermières ont quelquefois (*vu*) des terrines de lait devenir toutes bleues vingt-quatre ou quarante-huit heures après la traite.

577. Ce sont de petits animaux invisibles à l'œil nu qui ont (*causé*) cette altération. On la prévient soit en mêlant du sel à la nourriture des bestiaux, soit en leur faisant avaler une décoction d'absinthe ou de trèfle amer.

EXERCICE 77.

[Participe avec *être* mis pour *avoir* et participe passé des verbes unipersonnels. Gr. §§ 189 à 191.]

578. Au moment de la découverte de l'Amérique par Christophe Colomb [1], les indigènes de San-Salvador s'étaient (*brouillé*) avec les Espagnols et avaient juré de ne plus leur fournir de vivres. Ces derniers s'étaient fort (*épouvanté*) de cette résolution, qui les exposait à la mort la plus cruelle. Tout à coup Colomb s'avisa d'un stratagème qui les tira de cette situation. Il fit dire aux sauvages, qui s'étaient (*enfui*) dans les bois et s'y étaient (*caché*), que s'ils ne venaient promptement leur apporter des vivres, la lune allait leur retirer sa lumière. Or, on était à la veille d'une éclipse de lune. Les sauvages furent (*saisi*) de la plus grande crainte quand ils virent qu'une partie de la surface de cet astre s'était déjà (*obscurci*). Ils accoururent vers Colomb, et s'étant (*jeté*) à ses pieds, ils le supplièrent de faire en sorte que la lune ne disparût point. Colomb répondit de réparer tout le mal, pourvu qu'on lui donnât des aliments. Sur cette promesse les sauvages s'étaient (*empressé*) d'apporter des provisions, et la civilisation avait encore une fois triomphé de la barbarie.

579. Tous ceux qui se sont (*adonné*) à l'étude de la nature se sont (*aperçu*) des heureux effets que cette étude produisait en eux; ils se sont (*senti*) meilleurs à mesure qu'ils se sont (*pénétré*) des merveilles que la Providence s'est plu à prodiguer dans l'organisation des animaux les plus infimes et des plantes les plus chétives.

580. Toutes les fois que les hommes ont voulu coloniser une contrée encore déserte, c'est sur le bord de la mer ou sur les rives de quelque grand fleuve qu'ils se sont d'abord (*établi*); de la sorte, ils se sont (*ménagé*) des communications plus faciles avec la mère-patrie. Mais ce n'est pas le seul avantage qu'ils se soient (*procuré*) : ils se sont, du même coup, (*trouvé*) en possession des terres les plus fertiles, et ils se sont (*épargné*) toutes les peines que leur eût coûtées la culture d'un sol ingrat.

581. Enfants, vous êtes-vous quelquefois (*demandé*) quelle était l'origine des trous que l'on aperçoit souvent à la surface des pois, des fèves, des lentilles et des vesces? Ils sont dus à des insectes coléoptères nommés bruches. Ces petites bêtes proviennent d'œufs déposés sur la cosse. A peine écloses, elles se sont (*frayé*) un chemin jusque dans l'intérieur de celle-ci; là elles se sont (*ingénié*) à se creuser chacune dans une graine une excava-

_____
1. En l'année 1492.

tion où elles se sont (*blotti*). Elles s'y sont (*caché*) avec tant d'art que l'examen le plus attentif de la graine ne saurait faire découvrir leur présence. Successivement larves, nymphes, puis insectes parfaits, elles ont rompu la mince cloison qui les retenait prisonnières, et se sont (*précipité*) dans les champs de l'air.

582. L'automne dernier, j'ai (*assisté*) au départ des hirondelles. Après s'être (*réuni*) sur le toit d'une église, elles s'étaient longtemps (*entretenu*) avec animation, et s'étaient sans doute (*communiqué*) leurs impressions touchant le voyage qu'elles allaient entreprendre. Les jeunes avaient (*paru*) d'abord effrayées de cette migration; mais bientôt elles s'étaient (*rassuré*), en songeant que le voyage aurait lieu sous la protection des parents. Enfin, après s'être (*concerté*) sur les précautions à prendre pendant la route, sur la voie à suivre, sur les périls à éviter dans le voisinage des montagnes, où les oiseaux de proie se seraient sans doute (*rassemblé*) pour leur donner la chasse, elles s'étaient (*ébranlé*) en masse, et s'étaient (*dirigé*) vers le sud-est, espérant gagner la terre d'Afrique où les aquilons ne soufflent jamais.

583. Le climat de l'Angleterre n'est plus ce qu'il était autrefois : le raisin y mûrissait en assez grande quantité pour que l'on y cultivât la vigne. Actuellement cette culture ne serait plus possible. Est-ce que les chaleurs qu'il a (*fait*) jadis dans ce pays ne pourraient plus se reproduire ? Est-ce que les orages qu'il y a (*eu*) pendant les étés des anciens temps ne pourraient plus renevir pour hâter la végétation de la vigne ? Hélas non ! Les habitants ont déclaré la guerre aux forêts, ils se sont (*attaqué*) à ces réservoirs d'humidité dont la présence entretenait la chaleur constante du sol, et depuis, les beaux jours qu'il y a (*eu*) ont été si rares, que la plupart des fruits de nos climats n'y ont (*pu*) atteindre leur maturité.

SUPPLÉMENT AU PARTICIPE PASSÉ.

PARTICIPE SUIVI D'UN INFINITIF.

Le participe passé est souvent suivi d'un infinitif. La règle est toujours la même : elle repose sur une recherche attentive du complément direct.

Mais ici, le complément peut dépendre soit du participe, soit de l'infinitif.

1º Si le complément dépend du participe, accord. Ex. : La femme que j'ai *entendue* chanter, chante avec goût. J'ai entendu qui? *La femme*; le complément dépend du participe : accord.

Je pense à mes enfants, que j'ai *laissés* partir. J'ai laissé qui? *Les enfants* ; le complément dépend du participe, accord.

Voici les personnes que j'ai *priées* de venir. J'ai prié qui ? *Les personnes*; le complément dépend du participe, accord.

2° Si le complément dépend de l'infinitif, pas d'accord. Ex. : La romance que j'ai *entendu* chanter est agréable. Ici il faut mettre *quoi* après l'*infinitif* et dire : J'ai entendu chanter quoi ? *la romance ;* le complément dépend de l'infinitif, pas d'accord.

Mes enfants n'ont pas travaillé, je les ai *laissé* gronder. J'ai laissé gronder qui ? *les enfants ;* le complément dépend de l'infinitif, pas d'accord.

Voici les personnes que vous avez *demandé* à voir. Vous avez demandé à voir qui ? *les personnes ;* le complément dépend de l'infinitif, pas d'accord.

1re REMARQUE. — Le participe *fait* suivi d'un infinitif est toujours invariable. Ex. : La nature les a *fait* naître dans l'obscurité.

2e REMARQUE. — Après les participes *dû, pu, voulu,* l'infinitif est souvent sous-entendu; dans ce cas, il n'y a pas d'accord. Ex. : Je lui ai rendu tous les services que j'ai *dû*; sous-entendu *lui rendre,* pas d'accord. — Les parents lui ont donné toute l'éducation qu'ils ont *pu*; sous-entendu *lui donner,* pas d'accord. — Il n'a pas obtenu tous les succès qu'il aurait *voulu*; sous-entendu *obtenir,* pas d'accord.

PARTICIPE PRÉCÉDÉ DE en.

La règle générale subsiste encore, lorsque le participe est précédé du mot *en*; si *en* est le seul complément du verbe, il n'y a pas d'accord, parce que *en*, signifiant toujours *de lui, d'elle, d'eux, d'elles,* n'est pas un complément direct, mais un complément indirect (1).

Ex. : Tout le monde m'a offert des services, et personne ne m'*en* a *rendu.* — Ne m'a rendu de quoi ? *d'eux* mis pour *services; en* est le seul complément du verbe, et comme *en* est un complément indirect, pas d'accord.

Mais si indépendamment de *en*, il y a un complément direct exprimé, c'est avec ce complément direct que s'accorde le participe. Ex. : Il ne se vengea pas des injures *qu'il* en avait *reçues.* — Il avait reçu quoi ? *que* mis pour *injures;* le complément direct est avant, accord. — Quant à *en*, on voit qu'il est complément indirect de *reçues.* Les injures qu'il avait reçues de qui ? *en,* mis pour *de lui.*

L' SIGNIFIANT cela.

Quelquefois *l'* signifie *cela,* et remplace plusieurs mots sous-entendus. Dans ce cas le participe s'accorde avec *cela,* toujours du masculin et du singulier.

Ex. : Sa vertu était aussi pure qu'on *l'*avait *cru* jusqu'alors, c'est-à-dire, qu'on avait cru *cela, qu'elle était pure.* — La famine arriva ainsi que Joseph *l'*avait *prédit,* c'est-à-dire, avait prédit *cela, qu'elle arriverait.*

EXERCICE 78.

[Faites accorder le participe suivant les règles qui précèdent.]

584. L'hymne que nous avons *(entendu)* chanter à la cathédrale produisait le plus bel effet.

585. La mère que nous avons *(vu)* pleurer[2] le départ de son fils était une pauvre veuve.

1. On sait en effet que la règle d'accord du participe accompagné de l'auxiliaire *avoir* repose sur la recherche du complément *direct.*

2. On reconnaît mécaniquement que le complément dépend du participe, quand on peut remplacer l'infinitif par un participe présent. Dans l'exemple que nous avons donné, on peut dire : la femme que j'ai entendue *chantant,* accord du participe; de même ici on peut dire : la mère que nous avons vue *pleurant,* accord du participe. — Dans cette phrase : nos troupes, que les ennemis avaient espéré surprendre, on ne peut dire, avaient espéré surprenant, pas d'accord.

586. Les chevaux que j'ai (*vu*) s'emporter, effrayaient tout le monde.

587. Nous vous envoyons les livres que vous nous avez (*prié*) d'acheter.

588. Nos troupes, que les ennemis avaient (*espéré*) surprendre, étaient sur leurs gardes.

589. La promenade que ma mère et ma sœur avaient (*compté*) faire cette après-midi, sera remise à un autre jour.

590. Les oiseaux que j'ai (*aperçu*) planer dans les airs, étaient des oiseaux marins.

591. Nous ne visiterons plus les forêts que nous avions (*désiré*) revoir encore une fois avant notre départ.

592. Avez-vous trouvé les personnes que vous aviez (*espéré*) rencontrer.

593. Les personnes que nous avons (*écouté*) discourir, étaient fort éloquentes.

594. Les bêtes fauves que les chasseurs avaient (*cru*) pouvoir chasser cet hiver, ont été attrapées par des braconniers.

595. Les individus que vous n'avez pas (*voulu*) croire, disaient pourtant la vérité.

596. Les tableaux que ce peintre n'a pas *pu* achever avant de mourir, auraient encore grandi sa réputation.

597. Les vers que nous avons *entendu* lire, étaient fort bien faits.

598. Les jeunes gens que vous avez *vu* cheminer le long de la route, étaient des conscrits qui allaient rejoindre leur régiment.

599. Les secrets que nous avons (*laissé*) ignorer, ne vous concernaient pas.

600. Les poulains que nous avons (*laissé*) courir au milieu des pâturages, sont devenus très-beaux.

601. Les paroles que vous avez (*laissé*) échapper, m'ont causé un grand dommage.

602. Les adversaires que l'on a *fait* rire, sont des adversaires désarmés.

603. Connaissez-vous les deux maisons que nous avons (*fait*) assurer contre l'incendie?

604. Avez-vous reçu les marchandises que nous vous avons *fait* expédier la semaine dernière?

605. Vos demoiselles se sont *fait* peindre dans un costume élégant.

606. Les terres que vous nous aviez (*engagé*) à acheter, ne sont pas encore vendues.

607. Les châteaux que vous nous avez (*invité*) à visiter, sont trop loin d'ici.

608. Les mathématiques que vous nous avez (*exhorté*) à étudier, nous seront fort utiles.

609. Les travaux que nous avons (*donné*) à faire à cet entrepreneur, ont été mal exécutés.

610. Les erreurs que nous nous sommes (*empressé*) de signaler, n'ont pas encore été redressées.

611. Les énigmes que l'on a (*donné*) à deviner dans ce journal, étaient ingénieuses.

612. Les passages que l'on a (*tenté*) de découvrir du côté du pôle nord, pour aller en Amérique, ne sont pas encore trouvés.

613. Avez-vous songé au gâteau que je vous avais (*prié*) d'acheter pour la petite Marie ?

614. Les soldats que leur général avait (*craint*) de trop exposer, se sont précipités d'eux-mêmes au-devant du danger.

615. Les obstacles que ma sœur avait (*redouté*) de rencontrer, n'existaient que dans son imagination.

616. Malheureux colons, quel parti avez-vous tiré des fertiles vallées que nous vous avons (*donné*) à cultiver ?

617. Les personnes que l'on nous a (*appris*) à respecter sont dignes de l'estime de tout le monde.

618. Messieurs, avez-vous exécuté les mesures que l'on vous avait (*exhorté*) à prendre ?

619. Vous rendiez à votre parente des services égaux à ceux que vous en aviez autrefois (*reçu*).

620. Si vous avez obligé vos amis ils s'en seront (*montré*) reconnaissants.

621. J'ai acheté deux pièces de vin ; en avez-vous (*acheté*) davantage ? Je n'en ai pas *acheté* du tout, mes parents m'en ayant (*expédié*) plusieurs.

622. Nous avons vu de si beau sucre chez cet épicier que nous en avons (*acheté*) plusieurs pains.

623. Ma mère a fait des confitures et nous en avons (*mangé*).

624. Pour apprendre à lire on n'a plus eu recours aux anciennes méthodes, quand on en a (*senti*) les inconvénients.

625. Comme nous vous en avons déjà (*prévenu*), mes amis, c'est demain que nous prendrons congé de vous.

626. Dites-nous si vous aimez les ananas, maintenant que vous en avez (*mangé*).

627. Je crois à votre amitié depuis que vous m'en avez (*donné*) des preuves.

628. En visitant ce magasin j'ai vu de si belles étoffes que j'en ai (*acheté*) de plusieurs sortes.

629. J'ai acheté hier la nouvelle comédie, et j'en ai déjà (*lu*) les plus beaux passages.

630. Depuis que mes cousins sont partis d'ici, nous n'en avons plus (*entendu*) parler.

631. Nous en avons (*entendu*) dire de belles sur votre compte.

632. Ils ont approuvé notre entreprise la première fois que nous leur en avons (*parlé*).

633. Votre mère s'est-elle bien portée depuis que vous m'en avez (*donné*) des nouvelles?

634. Vous n'avez pas étudié toutes les sciences que vous auriez (*pu*).

635. Pendant notre séjour à la campagne nous n'avons pas fait toutes les courses que nous aurions (*voulu*).

636. Tu n'as pas eu envers tes supérieurs toute la déférence que tu aurais (*dû*).

637. Il n'a pas fait pour venir à mon secours tous les efforts qu'il aurait (*pu*).

638. Vous n'avez peut-être pas fait toutes les tentatives que vous auriez (*dû*).

639. Nous lui avons donné les soins que nous avons (*pu*).

640. Il a retenu toutes les sommes d'argent qu'il a (*voulu*).

641. Tu n'as pas témoigné à ce grand homme la vénération que tu aurais *dû*.

642. Ces critiques se sont montrés plus sévères qu'ils n'auraient (*dû*).

643. La chose n'est pas arrivée comme vous l'aviez (*soupçonné*).

644. Cette histoire n'était pas aussi attrayante que je l'aurais (*cru*).

645. L'affaire ne s'était pas passée comme vous l'aviez (*prévu*).

646. Toutes les denrées ont renchéri ainsi que vous l'aviez (*annoncé*).

647. Il s'en fallait de beaucoup que cette personne fût aussi désintéressée que vous l'aviez (*cru*).

648. Ce fermier n'a pas achevé sa moisson aussi promptement qu'il l'aurait (*voulu*).

649. Les blés n'étaient pas aussi mûrs que nous l'avions (*cru*).

— — — — — —

RÉCAPITULATION

SUR TOUTES LES RÈGLES DU PARTICIPE PASSÉ.

79. LE TRAVAIL EST LE MEILLEUR CUISINIER.

[Faites accorder le participe suivant la règle.]

Le soleil avait (*achevé*) le milieu de sa course, la cloche du village avait (*lancé*) dans les airs ses joyeuses volées pour annoncer aux habitants que l'heure du dîner avait (*sonné*). La petite Gertrude s'était (*assis*) à table avec les autres personnes de sa famille. Après qu'ils eurent tous (*invoqué*) Dieu, l'enfant, que l'on avait (*servi*) la première, prit une cuillerée de potage et la porta à sa bouche. Mais, à peine l'eut-elle (*avalé*), qu'elle s'écria : « Que cette soupe est mauvaise! je n'en ai jamais (*mangé*) de semblable! »

« C'est bien, repartit la mère, puisque cette soupe te semble si mauvaise, tu en auras une meilleure ce soir, c'est une consolation que j'ai (*songé*) à te réserver. » Là-dessus, la mère se rendit au potager pour reprendre les travaux qu'elle avait (*interrompu*) à l'heure du repas. Elle avait (*emmené*) avec elle la petite Gertrude; elle se mit à arracher des pommes de terre et dit à l'enfant : « Tu ramasseras les pommes de terre que j'aurai (*arraché*), et tu en empliras ces sacs que j'ai (*apporté*) à cet effet. Si tu travailles bien tu seras (*récompensé*), car dans ce monde chacun est (*traité*) selon ses œuvres. » Gertrude, sans dire mot, sans avoir (*essayé*) de se soustraire à la tâche qui lui était (*imposé*), se mit immédiatement à l'ouvrage. Cela dura jusqu'au coucher du soleil, au grand désespoir de la petite fille, à qui il semblait que les pommes de terre s'étaient (*multiplié*) en quelques heures, et que la superficie du champ s'était (*accru*).

Cependant la mère et la fille s'étaient si bien (*démené*), elles avaient (*travaillé*) avec tant d'ardeur qu'elles eurent (*enlevé*) toute la récolte à la nuit. Gertrude ne se tint pas de joie. Quand on fut de retour à la maison, la mère servit la soupe pour le repas du soir. Gertrude l'ayant (*goûté*) s'écria : « A la bonne heure, voilà une soupe bien (*confectionné*) et à laquelle il ne manque rien; si celle de tantôt l'eût (*valu*), avec quel plaisir je l'aurais (*mangé*) ! » Et en un clin d'œil elle eut (*avalé*) son écuelle qui était toute pleine.

La mère avait (*souri*) en regardant sa fille, et sa mine un peu moqueuse n'avait pas (*échappé*) aux regards de l'enfant qui en fut toute (*déconcerté*). « Eh bien ! dit tout à coup la mère répondant aux paroles que sa fille avait (*prononcé*), cette soupe est précisément celle que tu as (*laissé*) là aujourd'hui à midi. Sais-tu pourquoi, après l'avoir tant (*dédaigné*), tu la trouves à présent si bonne? C'est parce que tu as (*travaillé*) avec ardeur cette après-midi, et que le travail est le meilleur des cuisiniers.

80. PARMENTIER.

En France, la pomme de terre ne fut réellement (*vulgarisé*) que grâce aux efforts (*réitéré*) de Parmentier. La vie de cet homme de bien mérite d'être (*exposé*) brièvement.

Parmentier, (*né*) en 1737, à Montdidier, avait (*suivi*) l'armée française en Allemagne, en qualité de pharmacien. Quelques mois s'étaient à peine (*écoulé*) qu'il se voyait prisonnier de guerre, et (*réduit*) à se nourrir de pommes de terre. D'abord ce ne fut qu'avec la plus vive répugnance qu'il en mangea; mais en ayant (*reconnu*) tous les avantages et ayant (*recouvré*) bientôt sa liberté, il résolut de consacrer sa vie à la propagation du précieux tubercule.

Parmentier venait d'être (*nommé*) pharmacien de l'Hôtel des Invalides à Paris. Aussitôt il s'était (*empressé*) de louer dans la plaine des Sablons un vaste terrain destiné à la culture de la pomme de terre. Mais c'est en vain qu'il offrait gratuitement aux cultivateurs des environs les tubercules qu'il y avait (*récolté*); c'est en vain qu'il les engageait à planter la pomme de terre, ses offres étaient (*dédaigné*) et ses exhortations (*méprisé*). Alors il eut recours à un stratagème auquel il avait (*songé*) depuis longtemps. Il obtint de l'autorité que ses pommes de terre fussent (*gardé*) par des soldats qui, après avoir (*exercé*) tout le jour une surveillance assidue, se retiraient à l'approche de la nuit. Dès que les sentinelles s'étaient (*éloigné*), on voyait accourir de tous les villages voisins des maraudeurs qui, (*séduit*) par l'appât de fruit (*défendu*), venaient dérober autant de tubercules qu'ils en pouvaient emporter. Insensiblement ces dévastations s'étaient (*accru*); une énorme quantité de pommes de terre avait été (*dérobé*). Chaque matin Parmentier venait constater les ravages de la nuit. Combien de fois ne l'avait-on pas (*vu*) pleurer de joie, en trouvant sa récolte encore plus (*dévasté*) que les jours précédents! Il espérait que ces pommes de terre, que les paysans s'étaient (*ingénié*) à lui dérober, feraient mieux connaître la nouvelle plante. Ses prévisions ne furent pas (*déçu*): quelques années plus tard, des champs de pommes de terre, (*planté*) partout aux environs de

Paris, montraient que les fermiers avaient enfin (*apprécié*) la valeur d'une culture qu'ils avaient très-longtemps (*repoussé*).

LA PRÉPOSITION.

EXERCICE 81.

[Mettez un accent grave sur *à* préposition. Ex. : Je vais *à* Paris ; — ne mettez pas d'accent sur *a*, 3ᵉ personne du verbe *avoir*. Ex. : Il *a* de l'esprit. *Gr.* § 194.]

650. *A* la couleur d'un terrain, *a* son degré habituel d'humidité, *a* l'inspection des plantes qui y croissent naturellement, le cultivateur habile *a* toujours su quelles étaient les récoltes qu'il fallait lui faire produire de préférence, et dans quel ordre celles-ci devaient se succéder.

651. Quand un fermier *a* beaucoup de bras *a* sa disposition, il doit faire en sorte que sa moisson soit achevée dans le plus court espace de temps possible.

652. Quiconque *a* beaucoup vu peut avoir beaucoup retenu.

653. Un labour n'*a* pas toujours la même profondeur : cette profondeur varie suivant la nature des récoltes qui doivent suivre ce labour et suivant l'état du terrain sur lequel on opère. Plus une plante *a* de tendance *a* enfoncer ses racines dans le sol, plus les labours doivent être profonds. Ainsi, pour les plantes fourragères *a* racines pivotantes, telles que la luzerne, qui enfonce sa racine *a* plus d'un mètre, il est utile d'effectuer des labours atteignant cette profondeur ; il en est de même pour la carotte, qui descend à plus de 60 centimètres.

654. Dans le choix des engrais *a* répandre sur le sol, il faut se régler sur la nature des produits qu'on *a* en vue d'obtenir.

L'ADVERBE.

EXERCICE 82.

[Un adverbe peut souvent, à lui seul, tenir lieu d'une préposition suivie d'un nom. Par exemple, il agit *avec brutalité*, peut être remplacé par : il agit *brutalement*. — A la place des expressions soulignées, mettez l'adverbe équivalent. *Gr.* §§ 196 à 199.]

655. Je marche *avec rapidité*.

656. Les ennemis s'avançaient *avec fierté*.

657. Nous nous exprimions *avec facilité*.

658. Tu lui parles *avec douceur*.

659. Il chante *avec justesse*.

660. C'est *avec justice* que l'on punit les auteurs de ce crime.

661. Nous avons entendu un avocat qui parlait *avec éloquence*.

662. Les jours de grandes fêtes, Charlemagne était vêtu *avec magnificence*; les autres jours, il était habillé *avec simplicité*.

663. Les soldats se sont conduits *avec courage* dans la dernière rencontre.

664. Résistez *avec énergie* à ceux qui voudraient vous entraîner au mal.

665. Bayard combattait toujours *avec bravoure*.

666. Souvenez-vous qu'en vivant *avec sobriété*, on vit plus longtemps.

667. Lorsque nous mangeons *avec frugalité*, nous nous portons mieux.

668. Ne prenez de délassement qu'*avec modération*.

669. Elle bavarde *avec excès*.

670. Ce parvenu nous a reçus *avec dédain*; nous ne l'abordions qu'*avec timidité*.

671. Si vous voulez réussir, travaillez *avec opiniâtreté*.

672. Reconnaissons nos fautes *avec sincérité*.

673. Si vous agissez toujours *avec loyauté*, vous ne vous en repentirez jamais.

674. Celui qui sert son pays *avec fidélité*, mérite une récompense.

EXERCICE 85.

[La plupart des adverbes en *ment* se forment du féminin de l'adjectif correspondant. Ex.: *Familièrement*, de *familière* féminin de *familier*. — Dans le devoir suivant, vous changerez l'adjectif en adverbe.]

675. Le prince causait (*familier*) avec ceux qu'il rencontrait dans ses promenades.

676. Autrefois les parlements faisaient (*humble*) des remontrances aux rois.

677. Ce père aimait (*tendre*) ses enfants.

678. Il faut savoir supporter (*gai*) les mauvais jours.

679. La petite fille chantait (*joyeux*) dans sa chambrette.

680. Le jour de la Fête-Dieu, nos églises sont ornées (*splendide*).

681. Je vous prie instamment de me répondre (*prompt*).

682. Les cigognes se promènent (*grave*) au milieu des marais de la Hollande.

683. Un mort s'en allait (*triste*) prendre possession de son dernier gîte.

684. Les écoliers studieux parviennent (*facile*) à apprendre les quatre règles de l'arithmétique.

685. Ce n'est que (*difficile*) que l'on empêcherait cet enfant de mal faire.

686. Écoutez vos maîtres (*attentif*) et vous deviendrez savant.

687. Les loups mangent (*glouton*) tout ce qui leur tombe sous la dent.

688. Les pourceaux se précipitent (*avide*) sur leur nourriture.

LA CONJONCTION.

84. LE PIC DE TÉNÉRIFFE.

[Mettez un accent grave sur *où* adverbe ; ne mettez pas d'accent grave sur *ou* conjonction. Ex. : *où* allez-vous? — A Rome *ou* à Florence. *Gr.* § 202.]

Dans notre voyage au Brésil, nous relâchâmes à l'île de Ténériffe, l'une des Canaries ou se trouve le fameux pic du même nom. Nous en entreprîmes l'ascension dès le lendemain. Nous étions en marche dès trois ou quatre heures du matin. Après une marche fatigante de plusieurs heures, le pic nous apparut enfin fortement dessiné sur le bleu du ciel. Après une nouvelle halte dans un creux, ou nous vîmes le dernier sapin de la montagne, nous continuâmes notre ascension. La nuit arrivait : fallait-il passer la nuit au lieu ou nous nous trouvions, ou nous hasarder à monter encore un peu plus haut? Ce fut le premier parti que nous adoptâmes. Le lendemain, nous attaquions le sommet même du cône. Après une ascension pénible de plus de trois quarts d'heure, interrompue par deux ou trois stations, nous touchâmes enfin au point culminant du pic.

Sa cime est un cratère de vingt à trente mètres de profondeur, d'ou s'exhalaient des vapeurs sulfureuses. Du sommet du mont ou nous étions, nous contemplions un magnifique spectacle. Tout autour de Ténériffe, nous voyions comme une ceinture d'îles séparées par une mer, ou se promenaient en tous sens les embarcations des Canariens. Un soleil des tropiques éclairait ce tableau. En descendant de la montagne, nous prîmes le côté ou les laves s'étaient écoulées pendant la fameuse éruption qui eut lieu dans la nuit du 8 au 9 juin 1798.

DEUXIÈME PARTIE.

REMARQUES PARTICULIÈRES.

—

DU NOM.

EXERCICE 85.

[Accord des adjectifs avec le mot *gens*. — Faites accorder l'adjectif suivant la règle. *Gr.* § 207.]

689. Il y a toujours de (*sot*) gens qui ne demandent pas mieux que d'admirer toutes les extravagances dont nous ne sommes que trop souvent les témoins.

690. Les gens (*honnête*) ne demandent qu'à un travail assidu l'aisance après laquelle d'autres courent par des voies plus ou moins licites.

691. Les gens (*sensé*) se gardent bien de suivre aveuglément les préceptes d'une routine séculaire (1); ils ne craignent pas d'innover[2] quand ils sont certains de réaliser un progrès.

692. Que d'(*impertinent*) gens on rencontre à chaque instant sur ses pas !

693. Les gens (*fin*) sont souvent des gens fort (*dangereux*).

694. Que de gens (*affairé*) on rencontre depuis le matin jusqu'au soir dans les rues de Paris!

695. Les ouvriers des fermes sont des gens (*simple*), (*droit*), (*honnête*), (*actif*), mais souvent (*entêté*) et quelque peu (*prompt*) à se mettre en colère.

696. Voilà d'(*heureux*) gens; comme tout leur réussit à souhait !

Pluriel des noms composés.

EXERCICE 86.

[Mettez au pluriel les noms composés écrits au singulier. *Gr.* §§ 208-212.]

697. Il n'est permis à personne d'ignorer les noms des pein-

. 1. *Routine séculaire,* qui est âgée d'un siècle.

2. *Innover,* introduire quelque nouveauté, rompre avec les habitudes ou les usages reçus.

tres tels que le Titien, Raphaël, Léonard de Vincy, Le Poussin, qui nous ont laissé tant de (*chef-d'œuvre*).

698. Pendant les temps d'orage il n'est pas très-rare de voir jusqu'à deux et même jusqu'à trois (*arc-en-ciel*).

699. Toutes les personnes qui habitent la campagne connaissent sinon de nom, du moins de vue les plantes appelées (*bec-de-grue*).

700. Les (*belle-de-nuit*) sont des plantes dont les fleurs ne s'épanouissent que la nuit.

701. Qui ne se rappelle avoir vu des (*pied-d'alouette*).

702. Les arums ou (*pied-de-veau*) sont des herbes que l'on rencontre dans les endroits ombragés et humides.

703. Les (*ver-à-soie*) sont les précieux insectes auxquels nous devons le plus beau de nos tissus: la soie.

704. Les (*chou-fleur*), les (*chou-rave*) et les (*chou-navet*) ne sont que des variétés du chou ordinaire.

705. Fermières, soignez vos (*basse-cour*), et elles vous rapporteront des bénéfices considérables.

706. Les (*rouge-gorge*) sont des oiseaux ainsi nommés à cause de la couleur de leur gorge.

707. Les (*pie-grièche*) sont de petites pies grises très-criardes.

708. Les (*loup-cervier*) sont des animaux que l'on désigne encore sous le nom de chacals.

709. Les vieillards bienfaisants entreprennent souvent des travaux qui ne profiteront qu'à leurs (*petit-neveu*).

710. Les (*épine-vinette*) sont des arbrisseaux épineux garnis de petits fruits oblongs de couleur rouge, avec lesquels on peut faire d'excellentes confitures.

711. Les (*faux-clef*) ne sont qu'à l'usage des voleurs.

712. Les (*chêne-vert*) ou yeuses produisent des glands bons à manger.

713. La formalité des (*passe-port*) n'embarrasse jamais les malhonnêtes gens.

714. Savez-vous à quoi les étudiants de l'université de Coïmbre, en Portugal, passent la majeure partie de leur temps? A tailler des (*cure-dent*).

715. Des (*essuie-mains*) sont des linges avec lesquels on s'essuie les mains.

716. Les (*porte-clefs*) des prisons ne sont pas vus d'un très-bon œil par les habitants de ces séjours.

717. Les marches et les (*contre-marche*) fatiguent souvent une armée en campagne.

718. Nous avons acheté pour le service de notre table une demi-douzaine de (*casse-noisettes*).

719. Il est aujourd'hui beaucoup d'(*arrière-boutique*) que l'on prendrait pour des salons.

720. Deux (*entre-côtes*) de bœuf suffisent pour le déjeuner de quatre ou cinq personnes.

721. Les (*contre-poison*) sont des substances qui détruisent l'effet nuisible des poisons.

722. Les (*gagne-pain*) des bûcherons ne sont pas autre chose que leurs cognées.

723. Les (*chasse-mouches*) sont des espèces d'éventails avec lesquels on chasse les mouches.

724. Des (*coq-à-l'âne*) sont des discours sans suite.

725. Les (*garde-pêche*) sont des individus qui surveillent la pêche des rivières.

SUPPLÉMENT AU NOM.

Noms qui sont tantôt du masculin, tantôt du féminin.

1° *Aigle,* oiseau, est du genre masculin quand il désigne le mâle ; et du genre féminin quand il désigne la femelle. Ex. : L'Aigle *femelle* est *remplie* de tendresse pour ses petits.

2° *Amour, délice* et *orgue* sont du masculin au singulier et du féminin au pluriel. Ex. : L'amour *maternel, d'éternelles* amours. — Un *grand* délice, de *chères* délices. — Un *bel* orgue, de *belles* orgues.

3° *Enfant* est du masculin quand il désigne un garçon. Ex. : Votre petit Victor est *un bel* enfant. — Il est du féminin quand il désigne une petite fille. Ex. : Votre nièce est *une charmante* enfant.

Pluriel des noms tirés d'une langue étrangère.

Les noms tirés d'une langue étrangère prennent un *s* au pluriel lorsqu'ils sont d'un usage fréquent.

Ainsi on écrit avec un *s* au pluriel : des *accessits,* des *agendas,* des *albums,* des *bravos,* des *dominos,* des *duos,* des *folios,* des *numéros,* des *opéras,* des *panoramas,* des *pensums,* des *quatuors,* des *quolibets,* des *récépissés,* des *tilburys,* des *trios,* des *zéros.*

Les noms étrangers qui ne prennent pas la marque du pluriel sont :

1° Ceux qui sont formés de plusieurs mots, comme : des *auto-da-fé,* des *ex-voto,* des *fac-simile,* des *in-folio,* des *in-octavo,* des *post-scriptum,* des *Te Deum.*

2° Les noms des prières : des *alleluia,* des *ave,* des *confiteor,* des *credo,* des *miserere,* des *Pater,* des *Requiem,* des *stabat,* etc.

Pluriel des noms propres.

Les noms propres ne prennent pas la marque du pluriel, lorsqu'ils désignent les individus mêmes qui ont porté ces noms. Ex. : Les *Corneille,* les *Molière,* les *Racine,* ont illustré le règne de Louis XIV. — Les deux *Corneille* sont nés à Rouen. Il s'agit évidemment ici de Corneille, de Molière et de Racine eux-mêmes.

Les noms propres prennent la marque du pluriel :

1° Lorsqu'au lieu de désigner les individus eux-mêmes, ils désignent des individus *semblables* à ceux dont on parle. Ex. : Les *Corneilles* et les *Racines* sont rares.— Le France a eu ses *Césars* et ses *Pompées.* C'est-à-dire : Les poëtes *semblables* à Corneille et à Racine sont rares ; la France a eu ses capitaines *comme* César et Pompée.

2º Quand ils désignent un titre commun à une famille, à une race. Ex. : Les *Guises*, les *Stuarts*, les *Condés*. C'est-à-dire les *familles* des *Guises*, des *Stuarts*, des *Condés*.

3º Quand ils désignent des pays. Ex. : Les deux *Amériques*, les deux *Siciles*, les deux *Castilles*.

EXERCICE 87.

[Appliquez les règles qui précèdent.]

726. Si l'aigle est (*doué*) de la faculté de contempler le soleil, c'est grâce à une troisième paupière semi-transparente qu'il étend comme un rideau au-devant de son œil.

727. Les Romains ont porté leurs aigles (*victorieux*) dans la plus grande partie du monde connu des anciens.

728. L'aigle femelle est (*animé*) envers ses petits des sentiments les plus tendres.

729. L'amour *maternel* s'élève souvent jusqu'au dévouement le plus sublime.

730. Ma patrie sera toujours mes plus (*cher*) amours.

731. Les délices les plus (*recherché*) fatiguent à la longue ceux qui en jouissent.

732. Fénelon faisait ses plus (*cher*) délices de la lecture d'Homère.

733. Le plaisir de commander est un délice (*envié*) par bien des hommes.

734. L'orgue de Barbarie (*fabriqué*) par ce facteur[1] a des qualités exceptionnelles.

735. Les orgues (*construit*) pour l'église Saint-Sulpice de Paris font l'admiration des connaisseurs.

736. Les orgues (*envoyé*) à Pepin le Bref par le Kalife Haroun-al-Raschid frappèrent d'étonnement tous ceux qui les entendirent.

737. Paul n'a pas appris sa leçon, c'est un enfant (*léger*) et (*paresseux*).

738. La petite Louise est (*un*) enfant (*appliqué*) et docile qui s'est acquis l'amitié de tout le monde.

739. Eugénie et Elisa sont deux enfants (*charmant*).

740. Jules et Théodore sont des enfants (*attentif*).

741. Les (*opéra*) de Rossini et de Meyerbeer sont rangés au nombre des chefs-d'œuvre de la musique moderne.

742. Avant qu'on eût inventé les (*zéro*) on se servait d'un point pour indiquer la place des unités manquantes.

---

1. Les fabricants d'instruments de musique s'appellent *facteurs :* des *facteurs* de pianos.

743. Les (*in-octavo*) sont bien plus communs que les (*in-quarto*) ou les (*in-folio*).

744. Chaque soir vous réciterez cinq (*pater*) et cinq (*ave*) pour les âmes du purgatoire.

745. En se disputant, ces deux personnes se sont adressé les (*quolibet*) les plus plaisants du monde.

746. Avez-vous assisté aux derniers (*Te Deum*) qui ont été chantés à l'occasion des récentes victoires.

747. Nous avons acheté les (*fac-simile*) des signatures de tous les hommes célèbres du xviie siècle et du xviiie siècle.

748. Il y a bien peu de bons (*numéro*) dans les loteries, quelles qu'elles soient.

749. Tandis que les (*Corneille*), les (*Racine*), les (*Bossuet*), les (*Fénelon*), les (*La Fontaine*), les (*Boileau*), les (*Montesquieu*) s'illustraient dans la littérature pendant les deux derniers siècles, la science s'enorgueillissait des (*Pascal*), des (*Descartes*), des (*Newton*), des (*Leibnitz*), des d'(*Alembert*), des (*Lagrange*), des (*Laplace*), des (*Linné*) et des (*Jussieu*).

750. Il est peu de familles royales qui aient éprouvé autant de vicissitudes que les (*Stuart*) et les (*Bourbon*).

751. Sous Henri III, les (*Guise*) furent bien près de parvenir au trône de France.

752. Les (*Condé*) étaient les héritiers des (*Montmorency*).

753. Il y a lieu de distinguer les (*Inde*) orientales et les (*Inde*) occidentales.

754. Il existe deux (*Californie*), la haute et la basse.

755. Les anciens admettaient deux (*Gaule*) différentes : la Gaule transalpine et la Gaule cisalpine.

756. Les habitants des (*Calabre*) passent pour de méchantes gens.

DE L'ADJECTIF

EXERCICE 88.

[Remplacez les points par les mots *meilleur, pire* ou *plus mauvais, moindre* ou *plus petit*. — Gr. § 213.]

757. Il n'y a pas de ..... sourds que ceux qui ne veulent pas entendre.

758. Les ..... pommes de terre sont celles qui viennent dans le sable presque pur ; les pires sont celles qui ont été plantées dans la terre glaise.

759. Avec la ..... volonté du monde d'être agréable à son prochain, on ne peut pas toujours réussir.

760. Il y a une infinité de gens qui se montrent les... gens du monde tant qu'il ne s'agit pas de leurs intérêts ; mais pour peu que ceux-ci soient en jeu, ils deviennent soudain ... que des démons.

761. La ... rhubarbe nous vient de la Chine ; la ... cannelle, de l'île de Ceylan, et le ... café, de Moka.

762. La ... des situations est celle dans laquelle l'homme s'abandonne au désespoir.

763. Les ... beurres nous viennent de Normandie et de Bretagne.

EXERCICE 89.

[Faites accorder les mots haut, mauvais, cher, *etc., suivant la règle 214.]*

764. Les personnes de la campagne parlent (*haut*), parce qu'elles sont obligées de se faire entendre à de grandes distances.

765. Les choux en décomposition sentent (*mauvais*), ce qui tient à l'azote qu'ils renferment, et qui du reste les rend très-nourrissants quand ils sont sains.

766. Les années où les denrées se vendent (*cher*) sont désastreuses pour tout le monde, tant pour les producteurs que pour les consommateurs.

767. Dans une chambre où l'on couche, gardez-vous de laisser des fleurs pendant la nuit, surtout des fleurs qui sentent (*bon*).

768. Ces dames ont deviné (*juste*) quand elles ont prévu qu'il pleuvrait aujourd'hui.

769. Quoique les cerfs courent très-(*fort*) quand ils sont poursuivis par les chasseurs, ils sont presque toujours attrapés.

770. Les pêcheurs ont l'habitude de parler (*bas*), pour ne pas faire peur au poisson.

771. Si vos chiens reviennent encore rôder autour de ma basse-cour, je les assommerai (*net*).

EXERCICE 90.

[Appliquez les règles des numéros 215 et 216.]

772. En Franche-Comté, les cultivateurs se mettent (*nu*)-jambes afin de butter plus aisément les pommes de terre.

773. Ceux qui vont tête (*nu*) dans des endroits découverts, risquent d'attraper des coups de soleil.

774. On comptait autrefois par livres et par (*demi*)-livres ; pour la mesure des étoffes on employait les aunes et les (*demi*)-aunes.

775. Une *(demi)*-lieue vaut deux kilomètres.

776. Versailles est à environ quatre lieues et *(demi)* de Paris.

777. Les Juifs restent toujours *(nu)*- tête dans leurs synagogues.

778. *(Excepté)* la renouée et le tournesol, toutes les autres plantes tinctoriales cultivées en France ne donnent leurs produits qu'au bout de plusieurs années.

779. Les dimanches et les fêtes *(excepté)*, les cultivateurs doivent s'occuper tous les jours de leurs champs.

780. *(Excepté)* le riz et le sorgho, toutes les autres céréales réussissent dans les climats tempérés.

781. Les horloges publiques sonnent les heures, les *(demi)* et les quarts.

782. Avant l'établissement du système métrique, on mesurait le vin par pintes, *(demi)*-pintes ou chopines, *(demi)*-setiers ou quarts de pinte.

783. Les astronomes font souvent usage d'instruments appelés *(demi)*-cercles, et qui ressemblent beaucoup aux graphomètres des arpenteurs.

784. On donne le nom de *(demi)*-fortunes à des voitures bourgeoises à quatre roues, traînées par un seul cheval.

785. Saint Louis porta la couronne d'épines *(nu)*- pieds, *(nu)*- tête, depuis le bois de Vincennes jusqu'à Notre-Dame.

786. *(Supposé)* les marais desséchés dans toute l'Europe, que de terres de plus pour l'agriculture !

787. L'influence *(supposé)* du brouillard sur le développement de la rouille des blés, n'a jamais existé.

ARTICLE.

EXERCICE 91.

[Remplacez les points par *de* ou *des, du, de la* suivant la règle 217.]

788. Avec les boues des grandes villes on peut composer ... excellents engrais.

789. Les Indiens, pour prendre ... jeunes chevaux se servent d'une corde garnie de grosses balles à l'extrémité; c'est ce que l'on appelle un lazzo.

790. Avec les fruits du rosier sauvage bien nettoyés et bien épluchés, on confectionne ... appétissantes confitures.

791. Les champs sont émaillés ... magnifiques fleurs.

792. On nous envoie de Corinthe ... délicieux raisins secs.

793. Avec ... pain, ... vin, ... bon fromage, on peut faire un bon déjeuner.

794. On nous a apporté une corbeille remplie .. fruits sa-

voureux, ... abricots sucrés, ... prunes parfumées, ... pêches à la chair fondante.

795. ... robustes chardons, ... grossiers fourrages suffisent pour nourrir l'âne; seulement il est difficile quant au breuvage, il ne veut boire que de l'eau la plus limpide et la plus claire.

796. Les édredons sont garnis ... plumes soyeuses, douces et légères.

797. Plusieurs navigateurs français ont fait ... longs voyages dans l'Océan Pacifique.

798. Pendant la durée de notre chasse, nous avons tué ... excellents lapins, ... gros lièvres et ... faisans dorés.

ADJECTIFS NUMÉRAUX.

EXERCICE 92.

[Écrire les nombres en toutes lettres. *Gr.* §§ 218-221.]

799. Le soleil est (1 326 480) fois plus gros que la terre, et sa distance de notre globe est d'environ (154 484 000) kilomètres ou (34 000 000) de nos anciennes lieues. Le soleil fait un tour entier sur lui-même en (25) jours (16) heures (48) minutes.

800. La superficie de la lune est (13) fois moindre que celle de la terre, et son volume (49) fois moindre. Son diamètre de (750) lieues n'est que le quart de celui de la terre. Elle n'est guère éloignée de nous que de (96 157) lieues de poste. Dans son mouvement autour du soleil la lune ne parcourt par jour que (540 000) lieues; ce n'est par heure que (22 500) lieues et (375) lieues dans une minute.

801. Dans les bonnes terres on récolte par hectare de (32) à (40) hectolitres de blé, ce qui représente un poids de (2 560) à (3 200) kilogrammes, en admettant (80) kilogrammes pour le poids moyen de l'hectolitre.

802. Le rendement moyen des choux-navets s'élève à environ (50 000) kilogrammes de racines par hectare; le bénéfice atteint (93) pour (100) du capital employé; la culture des choux-navets a été introduite en France en (1789).

803. La culture des artichauts est si avantageuse qu'elle rapporte plus de (300) pour (100) du capital employé.

804. Les melons semés à demeure dans le Midi, rapportent (984) pour (100) du capital déboursé.

ADJECTIFS POSSESSIFS.

EXERCICE 93.

[Appliquez les règles des numéros 222, 223, 224, 225.]

805. J'ai mal à ... tête depuis que je suis allé au grand air.

806. Ma petite sœur s'est coupée ... doigt.

807. Mon cousin a toujours mal ... genou depuis qu'il est tombé de l'arbre.

808. Tu devrais te reposer, car je vois que ... jambe enfle depuis quelques instants.

809. J'ai reçu une pierre ... front.

810. Philippe, roi de Macédoine, eut ... œil crevé par une flèche sur laquelle on avait écrit : à l'œil droit de Philippe.

811. L'Europe et l'Amérique ont chacune (*leur production différente*).

812. Après la guerre les soldats regagnèrent (*leur foyer*).

813. Ces deux frères sont inconsolables depuis qu'ils ont perdu (*leur mère*).

814. Ces deux compagnons d'armes ont eu ... tête emportée par le même boulet.

815. Tous les Français aiment (*leur patrie*).

816. Les Bas-Bretons sont très-attachés à (*leur langue*) et à (*leur coutume*).

817. Les Écossais n'ont jamais voulu renoncer à (*leur costume national*).

818. Les mendiants espagnols se drapent fièrement dans (*leur guenille*).

ADJECTIFS INDÉFINIS.

EXERCICE 94.

[Remplacez les points par le mot *même*, que vous écrirez suivant la règle.
Gr. §§ 226 à 228.]

819. Chaque année les hirondelles reviennent habiter les nids.

820. Les médecins, ... les plus habiles se trompent quelquefois.

821. Avec un savoir suffisant et de la persévérance, on peut tirer parti de toutes les espèces de terrain, ... les plus ingrates.

822. Les hommes, les femmes, les enfants ... peuvent s'occuper utilement des travaux des champs.

823. Les ... terres ne pourraient rapporter du blé plusieurs années de suite.

824. Ces saltimbanques sont les ... que ceux que j'ai vus à la foire du bourg voisin.

825. Les animaux respirent et dorment : les plantes elles- ... s'acquittent de ces deux fonctions.

826. Les essences qui composent les forêts du Nord ne sont pas les ... que celles qui peuplent les forêts du Midi.

827. Des connaissances, ... incomplètes, valent mieux qu'une ignorance absolue.

828. Les grandes qualités imposent ... aux cœurs les plus dépravés.

829. Les barbares envahisseurs de l'empire romain ne respectaient rien : ils tuaient les vieillards, les femmes, les enfants ..., et réduisaient les hommes valides en servitude.

830. Les betteraves, les citrouilles, les navets, les tiges de maïs, les carottes ... peuvent donner du sucre.

EXERCICE 95.

[Remplacez ces points par *quelque* que vous écrirez suivant la règle. Gr. §§ 229 à 232.]

831. ... soient les précautions que l'on prenne pour garantir les blés des ravages des charançons, on n'y réussit pas toujours.

832. ... plantes mêlées à l'herbe dont les vaches se nourrissent communiquent à leur lait un mauvais goût.

833. ... considérables que soient les profits que l'on retire de la culture du chanvre, on ne doit pas trop étendre la culture de cette plante textile.

834. ... insectes rongent les jeunes plants de colza ; le plus redoutable est l'altise bleue.

835. Dans ... contrées de la France, on rentre les foins sans les avoir bottelés.

836. ... villages sont encore dépourvus d'écoles.

837. ... soit la longueur du chemin, on arrive toujours à temps, quand on a eu soin de partir à temps.

838. Il y a ... espèces de blés beaucoup plus productives que les autres.

839. ... soit la science que l'on ait dépensée jusqu'ici dans la construction des charrues, on n'a pu en construire une seule qui n'ait pas ... défauts.

840. ... avantageuses que soient certaines récoltes de colza, cette plante ne donne pas toujours des bénéfices certains.

841. ... arbres à fruits, plantés le long d'une route et au bout d'un champ, nous pourvoient de fruits, sans trop nuire à l'agriculture.

842. ... oiseaux ont le singulier instinct de se rouler dans la poussière.

843. Dans ... grandes fermes on se sert pour labourer de charrues à plusieurs socs.

844. ... personnes se laissant abuser par la ressemblance des

noms, confondent le mouron rouge avec le mouron blanc : le premier est mortel aux oiseaux, le second constitue pour eux une nourriture agréable.

845. ... soient les avantages qu'il y ait à conduire les bestiaux dans les pâturages, il ne faut pas oublier que l'on perd de la sorte une partie du fumier qu'ils produisent

846. ... belles que soient les plantes qui composent notre parterre, nous espérons en avoir de plus belles encore l'année prochaine.

847. Des œufs frais et ... fruits composaient le déjeuner de ce frugal vieillard.

848. La végétation ligneuse de la Sibérie ne se compose guère que de ... bouleaux rabougris.

849. ... soit la force de l'homme, ... soit celle des animaux domestiques, la force des machines est incomparablement supérieure.

850. ... rafraîchissantes que soient les boissons dont le jus de citron forme la base, il ne faut pas trop en faire usage pendant les grandes chaleurs.

EXERCICE 96.

[Remplacez les points par *tout*, que vous écrirez suivant la règle. *Gr.* §§ 253 à 256.]

851. ... les petits princes ont des ambassadeurs, ... les marquis veulent avoir des pages.

852. ... les races des chevaux ne sont pas propres aux mêmes travaux.

853. ... extraordinaire que cette introduction récente nous paraisse, elle n'en est pas moins un fait incontestable.

854. Cette petite fille était ... honteuse de s'être laissée surprendre à manger clandestinement un pot de crème; elle est demeurée ... stupéfaite quand elle s'est aperçue qu'elle avait un témoin de sa gourmandise.

855. ... surprenantes que soient les actions de certains animaux, il ne faut pas oublier qu'elles sont chez eux le résultat d'un instinct impérieux et irréfléchi.

856. ... éloignées que sont les régions glacées de l'Amérique du Nord, les hommes s'y hasardent pour s'emparer de la précieuse fourrure des castors.

857. Cette machination, ... infernale qu'elle est, sera déjouée.

858. ... les nations, même les moins civilisées, reconnaissent l'existence d'un Dieu rémunérateur et vengeur.

DU PRONOM.

EXERCICE 97.

[Donnez la forme interrogative aux phrases suivantes. *Chantes-tu* juste?
Gr. §§ 238 à 240.]

859. Tu chantes juste.
860. Je parle fort.
861. Nous nous estimons heureux.
862. Vous aimez l'odeur du muguet.
863. Ils chérissent leurs parents.
864. Tu travailles bien.
865. Tu iras demain à Paris.
866. Tu honoreras ton père et ta mère.
867. Tu écoutes ton maître.
868. Tu parles sensément.
869. Je nage en pleine eau.
870. Ils ont eu du mal à se tirer d'affaire.
871. Les colporteurs avaient apporté des livres magnifiques.
872. Les hirondelles ont construit leur nid dans la cheminée.
873. De tous temps les petits ont pâti des sottises des grands.
874. J'ai beaucoup souffert cette semaine.
875. Les terres n'avaient pas été labourées avant l'hiver.
876. Tu as trop présumé de tes forces.
877. La garance avait été cultivée dans la Gaule.
878. L'Amérique a été découverte par Christophe Colomb.
879. Je n'ai pas déniché un nid de merle.
880. Tu ne t'es pas accroché à un buisson d'épines.
881. La petite fille s'est mordu la langue.

EXERCICE 98.

[Donnez la forme interrogative et négative aux phrases suivantes : Ex. : Le pré
n'a-t-il pas été fauché.]

882. Le pré a été fauché.
883. Les haricots sont cuits.
884. Ces choux ont été achetés.
885. Tu répètes ta leçon.
886. On a salé la soupe.
887. On y a mis du beurre.
888. Il a tonné hier.
889. Il pleuvra demain.
890. Il y a un pont.
891. Il a plu beaucoup.
892. Il a gelé fort.
893. Élague-t-on les arbres.
894. On greffera ces pommiers.
895. On a taillé la vigne.
896. On a achevé la vendange.
897. Tu cours bien.
898. Tu lis mal.
899. Tu écris mal.
900. As-tu vu ta cousine?
901. As-tu bon appétit?

902. Tu bois bien.
903. Tu manges bien.
904. Tu dors bien.
905. Je grandissais beaucoup.

906. Je m'appliquais à lire.
907. Je travaillais mal.
908. Je le redoutais.
909. J'avais peur des vipères.

EXERCICE 99.

[Remplacez les points par *le, la, les*, suivant la règle. *Gr.* §§ 241 et 242.]

910. Messieurs, êtes-vous les apiculteurs[1] que nous attendons ? Nous ... sommes.

911. Madame, êtes-vous la mère de la mariée? Je ... suis.

912. Mes amis, êtes-vous les enfants qui doivent faire leur première communion ? Nous ... sommes.

913. Mademoiselle, êtes-vous Française? Je ... suis.

914. Madame, êtes-vous l'Espagnole qui se proposait de venir visiter l'exposition? Je ... suis.

915. Messieurs, êtes-vous les personnes de la suite du sultan ? Nous ... sommes.

916. Mademoiselle, êtes-vous l'institutrice de ma nièce ? Je ne ... suis pas.

917. Mademoiselle, êtes-vous institutrice? Je ... suis.

918. Messieurs, êtes-vous professeurs ? Nous ... sommes.

919. Messieurs, êtes-vous les professeurs du collége ? Nous . sommes.

920. Mes enfants, êtes-vous obéissants ? Nous ... sommes.

921. Mes amis, êtes-vous les enfants dociles dont on m'a parlé ? Nous ... sommes.

922. Mademoiselle, êtes-vous la petite fille boudeuse qui a été grondée? Je ne ... suis pas.

923. Mademoiselle, êtes-vous gourmande ? Je ne ... suis pas.

EXERCICE 100.

[Remplacez les points par *leur* ou *leurs*, suivant la règle. *Gr.* § 243.]

924. Chaque fois que nous avons rencontré des mendiants nous ... avons donné une aumône.

925. Ces fermiers sont satisfaits de ... charretiers, qui ... ont labouré tous ... champs en moins d'une semaine.

926. Quand j'ai vu mes enfants si sages, je me suis engagée à ... donner ... étrennes.

927. Ces enfants ayant bien travaillé, on ... a fait cadeau de livres magnifiques.

928. Quand vous rencontrerez des malheureux dénués de tout, vous ... viendrez en aide, vous soulagerez ... souffrances, vous tâcherez de mettre fin à ... maux.

1. *Apiculteur*, qui élève des abeilles.

929. Ces vagabonds se sont contentés de rire quand on ...
a reproché ... méfaits; mais quand on ... a dit qu'on allait les
mettre en prison, ils ont éclaté en sanglots.

930. Les servantes ayant achevé de traire ... vaches, on ... a
accordé la permission d'aller se promener.

EXERCICE 101.

[Remplacez les points par le mot *en*, et mettez *celle-ci* ou *celle-là* suivant la règle.
Gr. §§ 245 et 246.]

931. Vous avez là de belles cerises, donnez-m..., je vous
prie, quelques-unes.

932. Je voudrais aller à la campagne; accordez-m'... la permission.

933. Si vous trouvez de beaux pigeons au marché, choisissez-
m'... une belle paire; si vous voyez de gros lapins, achetez-m'...

934. Je n'ai pas d'argent, donnez-m'...

935. Si vous attrapez du poisson, apportez-m'...

936. Tous ceux qui compareront l'araignée et l'abeille pré-
féreront (*celle-*... à *celle-*...).

937. Quand un maître a à choisir entre des ouvriers laborieux
et des ouvriers paresseux, il prend *ceux-*... et refuse *ceux-*...

938. La fourmi ayant arraché à une mort certaine la colombe, qui buvait le long d'un clair ruisseau, *celle-*... eut bientôt le bonheur de lui rendre le même service.

939. Les cultivateurs et les marchands sont également utiles :
ceux-... procurent un débouché indispensable aux productions
que font croître *ceux-*...

EXERCICE 102.

[Changez l'ordre des mots soulignés. *Gr.* § 247.]

940. Nous avons entendu réciter *de jolies fables par cet enfant, qui* nous ont beaucoup amusés.

941. Nous avons recueilli *de belles plantes dans notre promenade à la campagne, qui* nous ont servi à composer un magnifique
bouquet.

942. Nous avons emprunté *une voiture chez votre oncle, qui* est
plus légère que la nôtre.

943. Nous avons reconnu *un vieux cheval chez vos parents,
qui* nous avait longtemps appartenu.

944. Tu as enfin fait confectionner *ta robe de soie par une
habile couturière, que tu avais achetée depuis longtemps.*

945. Tu verras *une grille autour de ces jardins, qui* est vraiment magnifique.

946. Nous avons acheté *des légumes au marché et chez la frui-tière, qui* sont excellents.

947. Nous avons pris *un gigot de mouton à la boucherie, qui* était tout à fait succulent.

948. Tu verras *la cathédrale de Milan pendant ton voyage en Italie, qui* est un chef-d'œuvre incomparable.

EXERCICE 103.

[Choisissez entre les pronoms *à qui, de qui, pour qui, avec qui* et *auquel, duquel, pour lequel, avec lequel. Gr. § 248.*]

949. L'agriculture est un art (*à qui, auquel*) j'aime à consacrer mes loisirs.

950. Vous devez acquérir les connaissances sans (*qui, lesquelles*) il vous serait impossible de devenir habile dans votre profession.

951. Vous voyez le bateau à vapeur avec (*qui, lequel*) Fulton effectua son premier voyage.

952. J'ai achevé l'ouvrage (*à qui, auquel*) je travaillais depuis longtemps.

953. Voilà la maison pour l'achat de (*qui, laquelle*) je faisais des économies.

954. J'ai fait changer l'escalier par (*qui, lequel*) on montait dans mon appartement.

955. J'ai atteint le but vers (*qui, lequel*) tendaient tous mes efforts.

956. J'ai fait réparer la chambre dans (*qui, laquelle*) je couche habituellement.

957. J'ai fait recrépir le mur contre (*qui, lequel*) sont adossés mes escaliers.

958. Nous foulons des terrains sous (*qui, lesquels*) s'étendent d'immenses excavations.

959. Je regrette qu'on ait abattu les arbres à l'ombre (*de qui, desquels*) je venais me reposer.

960. Vous seriez effrayés si vous voyiez les rochers des Alpes sur (*qui, lesquels*) je suis monté.

961. La terre est située à trente-huit millions de lieues du soleil, autour (*de qui, duquel*) elle fait sa révolution en 365 jours.

962. Un livre curieux serait celui (*dans lequel, dans qui*) on ne trouverait pas de mensonge.

963. Moïse, debout sur un mont à l'écart, priait le Dieu (*par qui, par lequel*) les flots sont soulevés.

DU VERBE.

Accord du verbe.

EXERCICE 104.

[FUTUR. Faites accorder suivant les règles des numéros 249, 250, 251, 252.]

964. *Moi* et mon frère (*attraper*) des papillons.

965. Ta sœur et toi (*aller*) à la promenade.

966. *Moi* et toi (*examiner*) ce qu'il nous propose.

967. Tes parents et toi ne (*arriver*) pas à temps à la station du chemin de fer.

968. Le charron et le forgeron (*achever*) la semaine prochaine ma voiture.

969. *Moi*, ma mère et ma cousine (*aller*) ensemble à la messe.

970. Ton camarade et toi (*être*) certainement malades si vous mangez tant de fruits.

971. Ton charretier et toi (*prendre*) soin de mes bestiaux en mon absence.

972. Peu d'enfants (*parler*) correctement, s'ils ne s'appliquent à l'étude de la langue française.

973. Émile et toi ne (*oublier*) pas que peu de maîtres sont capables de vous instruire aussi bien que celui que vous venez de perdre.

974. Plusieurs de vos amis vous (*faire*) des remontrances à propos de votre entreprise.

975. Moins de personnes (*chercher*) à quitter la campagne, lorsqu'elles auront appris à l'étudier, à la connaître et à l'aimer.

976. Toujours la plupart des hommes (*être*) satisfaits d'eux-mêmes et mécontents des autres.

EXERCICE 105.

[Appliquez les règles 253 et 254.]

977. On prétend que (*ce fut* ou *ce furent*) les Égyptiens qui fondèrent la ville d'Athènes, la métropole des arts et des sciences dans l'ancienne Grèce.

978. (*C'est* ou *ce sont*) les Portugais qui ont fait les premiers le tour de l'Afrique.

979. (*C'est* ou *ce sont*) les animaux qui mettent le plus d'années à croître qui (*vivre*, ind. prés.) le plus longtemps.

980. (*C'est* ou *ce sont*) nous[1], qui (*construire*, pas. indéf.) cette maison.

981. (*C'est* ou *ce sont*) mon frère et moi qui (*louer*, pas. indéf.) cette ferme.

982. (*C'est* ou *ce sont*) vous qui (*cultiver*, pas. indéf.) les premiers les topinambours dans votre pays.

983. (*C'est* ou *ce sont*) les Anglais qui (*faire*, pas. déf.) d'abord connaître la pomme de terre aux Européens.

984. (*Ce fut* ou *ce furent*) les Espagnols qui, sous la conduite de Christophe Colomb, (*découvrir*, pas. déf.) un peu malgré eux l'Amérique.

985. (*C'est* ou *ce sont*) vous qui (*oser*, ind. prés.) me faire des propositions aussi inacceptables!

986. Il y avait dans un hospice d'aliénés deux fous bien extraordinaires : l'un disait continuellement c'est moi qui (*être*, ind. prés.) le feu; l'autre répondait aussitôt : Si c'est toi qui (*être*, ind. prés.) le feu, c'est moi qui (*être*, ind. prés.) l'eau, et je saurai bien t'empêcher d'exercer tes ravages, s'il t'en prend la fantaisie.

987. Quoi, mon enfant, c'est toi qui (*hésiter*, ind. prés.) à obéir aux ordres de ton père!

988. O vous qui (*insulter*, ind. prés.) aux souffrances des malheureux, êtes-vous bien sûrs que l'infortune ne viendra jamais frapper à votre porte?

989. Les frères Chappe pouvaient se dire à eux-mêmes : (*c'est* ou *ce sont*) nous qui les premiers, par l'établissement de notre télégraphe, (*supprimer*, pas. indéf.) les distances.

990. C'est moi qui (*enseigner*, ind. prés.) à cette enfant l'orthographe et la géographie, et c'est toi qui lui (*montrer*, ind. prés.) l'écriture et la comptabilité.

SUPPLÉMENT A L'ACCORD DU VERBE.

L'un et l'autre, ni l'un ni l'autre sujets.

Avec *l'un et l'autre, ni l'un ni l'autre*, on met généralement le verbe au pluriel. Ex. : L'un et l'autre élève *recevront* une récompense. — Ni l'un ni l'autre ne *sortiront* aujourd'hui.

Avec *l'un ou l'autre*, le verbe se met toujours au singulier. Ex.: L'un ou l'autre *payera* l'amende.

Nom collectif sujet.

On appelle *noms collectifs* ceux qui, tout en étant au singulier, expriment un as-

---

1. Remarquez que la règle dit : « On met le verbe au pluriel si le mot suivant est à la *troisième* personne du pluriel. » On ne met plus le pluriel si le mot suivant est à la première ou a la deuxième personne, ou si le verbe est suivi de deux noms au singulier, comme dans la phrase suivante.

semblage, une *collection* de plusieurs personnes ou de plusieurs choses, comme *troupe, multitude, foule.*

Les noms collectifs sont souvent accompagnés d'un complément : Une troupe *de moissonneurs,* une multitude *d'oiseaux,* une foule *d'enfants.*

RÈGLE. — Avec un nom collectif, le verbe se met au singulier ou au pluriel.

1° Le verbe se met au singulier, si c'est le collectif qui fait l'action exprimée par le verbe. Ex. : Une nuée de traits *obscurcit* l'air. — Une multitude d'oiseaux *remplissait* le bocage. C'est la *nuée* qui obscurcit ; c'est la *multitude* qui remplissait.

2° Au contraire le verbe se met au pluriel, si c'est le complément du collectif qui fait l'action exprimée par le verbe. Ex. : Une foule d'enfants *couraient* dans la plaine. Une multitude d'oiseaux nous *charmaient* par leurs concerts. Ce sont les *enfants* qui couraient ; ce sont les *oiseaux* qui nous charmaient.

Ces nuances sont d'ailleurs assez délicates, et il y a certains cas où l'on peut employer indifféremment le singulier ou le pluriel.

EXERCICE 106.

[Appliquez les règles qui précèdent.]

991. Pradon et son ami Coras se disputaient avant la représentation la paternité d'une pièce de théâtre qu'ils avaient composée en commun ; la pièce n'ayant pas réussi, ni l'un ni l'autre ne (*voulut, voulurent*) l'avoir faite.

992. Lavoisier et Priestley contribuèrent puissamment au progrès de la chimie moderne ; l'un et l'autre (*fit, firent*) de nombreuses découvertes.

993. L'une et l'autre rive du fleuve (*avait été bordée, avaient été bordées*) de superbes villas.

994. Si vous ne pouvez venir dîner chez moi, l'un ou l'autre de vos domestiques (*viendra, viendront*) me prévenir.

995. Cuvier et Étienne Geoffroy St-Hilaire furent les plus grands naturalistes qui (*a, ont*) jamais existé ; l'un et l'autre (*étonna, étonnèrent*) leurs contemporains par la sublimité de leurs conceptions.

996. Ni l'un ni l'autre de mes frères n'(*obtiendra, obtiendront*) de prix.

997. J'aime beaucoup lire Théocrite et Virgile ; l'un ou l'autre (*charme, charment*) ordinairement mes loisirs.

998. Quand il survient un accident la foule des curieux s'y (*précipite, précipitent*) non pour porter du secours, mais pour se procurer des émotions.

999. Une multitude de gens sages (*préfère, préfèrent*) l'aisance à la richesse.

1000. Une bande de voleurs (*dévalisait, dévalisaient*) les environs.

1001. La nuée de sauterelles qui ravageaient l'Égypte (*avait été amenée, avaient été amenées*) par un fort vent du sud.

1002. La troupe d'éléphants qui (*parcourait, parcouraient*) cette forêt de l'Inde (*finit, finirent*) par tomber dans les piéges tendus par les indigènes.

1003. Une couple d'œufs frais (*suffit, suffisent*) pour mon déjeuner.

1004. Une douzaine de bouteilles de votre excellent vin me (*ferait, feraient*) bien plaisir.

1005. Il existe une multitude de bons livres qui me (*désennuierait, désennuieraient*) si je les avais à ma disposition.

1006. Une légion de canards sauvages s'(*abattit, s'abattirent*) sur cette pièce d'eau.

1007. La foule des visiteurs (*admirait, admiraient*) les tableaux de l'école italienne exposés dans cette galerie.

COMPLÉMENT DU NOM, DE L'ADJECTIF ET DU VERBE.

Il faut donner à chaque mot le complément qui lui convient. Ex. : Obéissance *aux lois.* — Son amitié *pour vous.* — Utile *à quelqu'un.* — Content *de son sort.* — Avoir confiance *en l'avenir.* — Se conformer *à la loi.*

On ne peut donc pas dire : Son affection et sa confiance *en son frère* sont connues; parce que affection veut *pour*, et confiance veut *en* ; il faut tourner autrement et dire : Son affection *pour son frère* et sa confiance *en lui* sont connues.

De même on ne dira pas: Ce père est utile et chéri *de sa famille.* Parce que *utile* veut *à*, et *chéri* veut *de ;* on dira: Ce père est utile *à sa famille* et *en* est chéri.

De même encore on ne dira pas: Il vénère et se conforme à la loi ; parce qu'o dit, *vénérer la loi*, et se conformer *à la loi;* on dira : Il vénère *la loi* et s'y conforme.

— Quand un verbe a deux compléments, ces compléments doivent être de même nature : si le premier est un substantif, le second devra être un substantif; si le premier est un verbe, le second devra être un verbe. Ainsi on ne dira pas : Il aime *le jeu* et *à étudier.* Dites : Il aime *le jeu* et *l'étude*, ou il aime *à jouer* et *à étudier.*

EXERCICE 107.

[Appliquez les règles qui précèdent.]

1008. Cette jeune fille est affectueuse et dévouée *à ses parents.*

1009. Tous les élèves de cette classe sont enchantés et assidus *aux leçons de leur maître.*

1010. L'affection et la confiance des soldats *dans leur général* sont sans bornes.

1011. Cet homme est affamé et insensible *à la gloire ;* explique qui pourra cette contradiction.

1012. Calpurnius demanda et reçut *du consul* trois cents soldats, avec lesquels il arrêta la poursuite de l'ennemi, pendant que le reste de l'armée se hâtait de sortir du défilé.

1013. Les mauvais citoyens méprisent et désobéissent *à la loi.*

1014. C'est à tort que vous vous montrez mécontents et rebelles *à mes observations*.

1015. Turenne aimait *la promenade* à pied et *à faire* de longues courses à cheval.

1016. Il attaqua et s'empara *de la ville*.

1017. Plusieurs trains arrivent et partent chaque jour *de cette gare*.

1018. Mon neveu apprend *les mathématiques* et *à monter* à cheval.

1019. Ce professeur enseigne *la rhétorique* et *à composer* des vers latins.

Emploi du subjonctif.

EXERCICE 108.

[Mettez le présent ou l'imparfait du subjonctif, suivant la règle. Nous avons marqué d'un astérisque les verbes irréguliers, que l'élève trouvera à la fin de la grammaire. *Gr.* §§ 255 à 261.]

1020. Je doute qu'il (*pleuvoir**) aujourd'hui.

1021. J'ai peur qu'il ne (*faire**) pas beau demain.

1022. Craignez-vous donc que les raisins ne (*mûrir*) pas cette année ?

1023. Je voudrais que tu (*aller**) faire paître ton troupeau.

1024. Il faudrait que les cultivateurs (*savoir**) un peu de chimie, afin qu'ils (*pouvoir**) apprécier en toute connaissance de cause la nature de leurs terres.

1025. Je souhaite, mon fils, que tu t' (*appliquer*) à l'étude des propriétés médicinales des plantes, que tu (*savoir**) à quoi servent la bourrache, la douce-amère, le mélilot, le coquelicot, la petite centaurée, le trèfle d'eau.

1026. Je demande que l'on (*conduire**) immédiatement les chevaux à l'abreuvoir.

1027. Le printemps venu, il conviendrait que l'on (*remettre**) à neuf les ruches des abeilles, qu'on les (*nettoyer*), qu'on en (*élargir*) l'ouverture, qui avait été diminuée pendant l'hiver.

1028. Les apiculteurs ont à redouter que des animaux nuisibles n'(*envahir*) les ruches.

1029. Il serait nécessaire que nous (*fortifier*) nos membres par un exercice modéré et continu.

1030. Mesdemoiselles, on exige que vous (*plier*) ces étoffes avant d'aller à la promenade.

1031. Pour que nous (*avoir*) des places au théâtre, il faudrait que vous (*partir*) de bonne heure.

1032. Dieu veut que nous (*aimer*) et que nous (*secourir**) notre prochain.

1033. Il était indispensable que l'on (*couvrir**) les meules de blé, si l'on voulait qu'elles ne se (*gâter*) pas.

1034. Prescrivez que les charretiers ne (*maltraiter*) pas leurs chevaux.

1035. Il faudra que vous (*cueillir **) des fruits toute cette après-midi.

1036. Il n'était pas possible que l'on (*accueillir**) votre demande.

1037. Je voulais que tu (*savoir**) lire, écrire, compter et chanter au lutrin du village.

1038. Il faut que vous (*abattre**) ces arbres, afin que l'hiver venu vous (*avoir*) du bois pour vous chauffer.

1039. Pourvu que vous (*pouvoir**) vivre en travaillant, ne vous inquiétez pas de gagner beaucoup.

1040. Ces blés sont mûrs, il faudra que nous les (*scier*) demain matin.

1041. Il faut que nous (*prier*) Dieu matin et soir, que nous le (*supplier*) de nous accorder toutes les grâces dont nous avons besoin pour passer saintement la journée.

1042. A moins que tu ne (*venir**) à mon aide, je n'aurai pas achevé ma moisson avant quinze jours.

1043. Si, sans que cela te (*déranger*) trop, tu pouvais me rendre ce service, tu me ferais bien plaisir.

1044. O mon enfant, je veux que tu (*écouter*) attentivement les conseils de ton maître, et que tu les (*mettre**) en pratique !

1045. Je souhaite que tu (*apprendre**) toujours bien tes leçons, et que tu les (*réciter*) d'une manière intelligente.

1046. Il faudrait surtout que tu t' (*habituer*) à ne jamais laisser passer une expression sans en demander l'explication.

1047. Ne commencez rien avant que nous (*arriver*).

1048. Il était indispensable que nous (*faire**) ferrer nos chevaux.

1049. Il est urgent que nous (*faucher*) le sainfoin.

1050. Il fallait que vous (*moudre**) le café.

1051. Il importe que vous (*arracher*) et que vous (*ramasser*) ces pommes de terre avant l'orage.

1052. Pourvu que nous (*sauver*) nos âmes, qu'importe la perte de nos biens.

1053. Quand votre patrie est menacée, il faut que vous (*prendre**) les armes et que vous (*voler*) à sa défense.

1054. La première fois que vous viendrez, il serait bon que vous m'(*apporter*) des échantillons de toutes les espèces de blés que vous possédez.

1055. Pour peu que vous (*cultiver*) vos terres avec soin, elles vous procureront une honnête aisance.

1056. Mes enfants, je ne veux pas que vous (*dénicher*) les nids des petits oiseaux ; ces petits êtres rendent trop de services aux campagnes pour qu'on ne les (*laisser*) pas vivre et se multiplier en paix.

1057. Je demande que le déjeuner (*être*) prêt quand je reviendrai des champs.

1058. Sully voulait qu'en France l'on (*planter*) des ormes et des pommiers sur le bord des routes ; son souhait a été accompli en partie.

1059. Je voudrais que dans toutes les communes il y (*avoir*) une bibliothèque publique, et qu'on ne la (*composer*) que de bons livres.

1060. Avant que Franklin (*inventer*) les paratonnerres, combien d'édifices étaient chaque année consumés par le feu du ciel !

1061. Pour peu que vous (*parcourir**) la France, vous serez frappé des différences qui existent entre les provinces, au point de vue de l'exécution des travaux agricoles.

1062. Henri IV souhaitait que tout paysan (*pouvoir**) mettre chaque dimanche la poule au pot.

1063. Il faudra que nous (*chercher*) un moyen efficace pour détruire les larves des hannetons.

1064. Il faudrait que nous (*trouver*) quelque procédé au moyen duquel nous (*pouvoir**) garantir nos luzernes de la cuscute et des petits champignons désignés par les savants sous le nom de rhizoctones.

1065. Si l'on voulait creuser en cet endroit un puits artésien, il faudrait que l'on (*fouiller*) à une immense profondeur, et que l'on (*percer*) des couches de terrain extrêmement résistantes.

1066. Nous voudrions bien obtenir des enfants qu'ils se (*laver*) les mains et qu'ils se (*débarbouiller*) tous les matins.

1067. Peu s'en fallut que nous n'en (*venir**) à une violente querelle avec les vagabonds qui se faisaient un jeu de disperser notre troupeau.

1068. Il conviendra que vous (*semer*) vos chanvres au commencement d'avril, et que pour cela vous (*faire*) avec la houe à main des sillons de quatre à cinq centimètres de profondeur, dans lesquels vous déposerez les graines.

1069. Il serait urgent que l'on (*substituer*) au rouissage du chanvre un procédé plus sain, qui (*isoler*) aussi bien les fibres textiles du reste de la tige.

1070. Il faudrait que l'on (*savoir**) que les fleurs d'artichaut 'ont la propriété de faire coaguler le lait sans lui communiquer aucune saveur étrangère.

1071. Pour que la culture du melon (*réussir*) dans une localité, il faut qu'il y (*régner*) une température élevée, et que l'atmosphère y (*être*) chargée d'humidité.

1072. Avant qu'on (*introduire**) dans l'agriculture la pratique des assolements, la jachère était une nécessité.

1073. Pour que l'on (*faner*) facilement les foins, il faudrait que l'on (*avoir*) toujours du beau temps.

1074. Pour que la navette (*fournir*) une bonne récolte, il faut qu'on la (*semer*) dans un terrain léger, sablonneux ou argilo-calcaire.

1075. Si vous voulez obtenir la meilleure qualité de filasse possible, il est indispensable que vous (*récolter*) le chanvre quand les pieds mâles sont défleuris, et quand leurs tiges commencent à jaunir ; mais il importe que vous ne vous (*tromper*) pas sur le sens de cette recommandation, et que vous n'(*oublier*) pas qu'habituellement on prend le chanvre mâle pour le chanvre femelle et réciproquement.

1076. Il ne serait pas inutile que vous (*étudier*) assez de botanique pour reconnaître les plantes nuisibles qui pourraient se trouver dans les prairies naturelles, et qu'en outre vous (*purger*) celles-ci des aconits, des ellébores, des colchiques, des œnanthes et des différentes espèces de ciguës qui pourraient s'y trouver.

1077. Il vaudrait mieux que les enfants des campagnes, au lieu d'employer leur temps à dénicher les oiseaux ou à dérober les fruits des jardins, s'(*occuper*) à recueillir des plantes, et (*prier*) les Maîtres de leur en dire les noms et de leur en indiquer les propriétés ; il serait bon aussi qu'ils s'(*appliquer*) à connaître les insectes nuisibles, et qu'ils (*apprendre**) comment on en pourrait débarrasser les végétaux.

1078. S'il fallait qu'il (*geler*) au-dessous de douze degrés centigrades, la surface de nos rivières serait bientôt convertie en une épaisse couche de glace.

EXERCICE 109.

[Écrivez à l'infinitif ou au participe passé. *Gr.* §§ 262 et 263.]

1079. Aussitôt que nous avons vu (*rentr...*) les bestiaux des champs, nous leur avons (*apprêt...*) leur litière.

1080. Bien des voyageurs se sont (*aventur...*) dans l'intérieur de l'Afrique ; bien peu en sont revenus.

1081. Les chimistes que j'ai entendus (*caus...*) discutaient sur la valeur relative des engrais.

1082. Nous n'avons pas (*hésit...*) à (*pénétr...*) dans ce souterrain, quoiqu'il y régnât l'obscurité la plus profonde.

1083. Ces enfants, après avoir (*aim...*) à (*jou...*), commencent à (*aim...*) à (*travaill...*).

1084. La fermière est (*occup...*) à (*distribu...*) leur tâche à ses servantes.

1085. Dès qu'il eut (*cess...*) de pleuvoir, nous partîmes aux champs.

1086. Quand il a bien plu, la terre est (*détremp...*).

1087. Les enfants qui aiment mieux (*jou...*) qu'(*étudi...*), s'en repentiront plus tard.

1088. Il faut (*labour...*) les terres avant de les (*ensemenc...*).

1089. La petite fille s'est (*heurt...*) contre la cheminée, en allant (*cherch...*) la lampe dans la chambre à (*couch...*).

1090. Un roi d'Angleterre disait qu'il n'avait pas coutume de se (*déshabill...*) avant de se (*couch...*).

1091. On a vu des naufragés se (*mang...*) les uns les autres, plutôt que de mourir de faim.

1092. Pendant que tu étais (*occup...*) à écrire, n'as-tu vu (*entr...*) personne ?

1093. Ceux qui ont appris à (*nag...*) ont su s'(*évit...*) une des nombreuses chances de mort que nous avons.

1094. Ces demoiselles ont appris à (*dans...*) et à (*jou...*) du piano ; pour qu'elles aient reçu une éducation parfaite, il ne leur reste plus qu'à savoir (*brod...*) et faire du crochet.

1095. Avez-vous (*donn...*) à (*mang...*) aux oiseaux ?

1096. Le convive que nous avons (*invit...*) à (*déjeun...*) n'est pas venu ; il se sera (*attard...*) à (*regard...*) les tableaux du musée.

1097. L'ouvrage que nous avions (*espér...*) (*termin...*) aujourd'hui, n'est pas encore prêt d'être fini.

1098. Avez-vous (*achev...*) de (*hers...*) toutes les terres que nous vous avions commandé de (*hers...*).

1099. Les poulets que nous nous étions décidés à (*achet...*) n'étaient point gras.

DE LA PRÉPOSITION.

EXERCICE 110.

[Remplacez les points par *pres de* ou *prêt à. Gr. § 264.*]

1100. Ce malheureux a été repêché au moment où il était ... disparaître pour jamais au fond de l'eau.

1101. Quand nous serons ... partir, nous vous préviendrons.

1102. Des enfants doivent toujours être ... se sacrifier pour leurs parents.

1103. Un laboureur, ... mourir, fit venir ses enfants, et leur dit qu'il y avait un trésor de caché dans son champ.

1104. Le criminel, ... mourir, confessa le crime qu'il avait commis.

1105. La maison était ... s'écrouler, quand les locataires furent avertis qu'ils eussent à déménager.

1106. On a vu quelquefois des amis ... mourir pour leurs amis.

1107. Quand un orage est ... éclater, les animaux éprouvent une vive anxiété.

1108. Lorsque le volcan fut ... faire irruption, on sentit la terre trembler.

1109. Tous les hommes, ... périr, élèvent vers le ciel des regards suppliants.

1110. Dieu, comme un bon père, est toujours ... pardonner.

DE L'ADVERBE.

EXERCICE 111.

[Employez les adverbes suivant la règle. *Gr. §§ 265 à 269.*]

1111. Je me suis promené (*dans, dedans*) les champs et (*autour, alentour*) du village.

1112. Certains peuples barbares habitent (*dans, dedans*) des maisons juchées (*sur, dessus*) des poteaux.

1113. Quand vous voulez visiter une église, n'entrez jamais (*dans, dedans*) sans faire votre prière.

1114. Les melons que nous avons plantés dans le jardin, courraient risque d'être gelés, si nous ne les abritions (*sous, dessous*) des paillassons.

1115. On ne met pas une lumière (*sous, dessous*) un boisseau, mais (*dessus, sur*) un chandelier, afin qu'elle éclaire toutes les personnes présentes.

1116. Lorsque vous êtes (*hors, dehors*), conduisez-vous toujours comme si vous étiez (*sous, dessous*) les yeux de vos parents.

1117. Pourquoi restez-vous (*hors, dehors*) de la maison ? Que n'entrez-vous (*plus tôt, plutôt*) (*dans, dedans*).

1118. (*Hors, dehors*) de l'Église, point de salut.

1119. J'ai peur que vous (*ayez, n'ayez*) oublié la commission dont je vous avais chargé.

1120. J'appréhende que mon frère (*vienne, ne vienne*) trop tard.

1121. Je crains que vous (*couriez, ne couriez*) de grands dangers pendant votre voyage.

1122. Il est à redouter que les loups (*viennent, ne viennent*) rôder autour de notre troupeau lorsqu'ils se sentiront affamés.

1123. L'écolier appréhendait que son maître (*fût, ne fût*) mécontent de son travail.

1124. Ce militaire est aussi bon (*que, comme*) brave : il est plein d'attentions pour les prisonniers qu'il a faits.

1125. Vous avez fini votre besogne (*plus tôt, plutôt*) que je ne pensais.

1126. Ayez le courage de braver la mort (*plus tôt, plutôt*) que de commettre une lâcheté.

1127. Vous vous êtes levés (*plus tôt, plutôt*) que d'habitude.

1128. La reine Blanche disait à saint Louis : Mon fils, j'aimerais mieux vous voir mort (*plus tôt, plutôt*) que souillé par un seul péché mortel.

CONJONCTION.

EXERCICE 112.

[*Quand* avec un *d* signifie *lorsque*. — *Quant* avec un *t* signifie *en ce qui concerne*; dans ce cas il est toujours suivi de *à*.]

1129. *Quan*... le ciel est rouge le soir, soyez assurés qu'il fera un grand vent le lendemain.

1130. Je ne sais si l'étude a des charmes pour toi, *quan*... à moi, je t'assure qu'elle fait mes délices.

1131. *Quan*... on veut voyager loin, on doit ménager sa monture.

1132. *Quan*... on songe aux maladies innombrables auxquelles nous sommes sujets, on comprend difficilement qu'il y ait des hommes qui atteignent leur centième année.

1133. Je ne sais si tu es aussi content que ton frère : *quan*... à lui, il est enchanté du voyage que vous venez de faire ensemble.

RÉCAPITULATION GÉNÉRALE

SUR TOUTES LES DIFFICULTÉS DE LA GRAMMAIRE.

113. CONSEIL DONNÉ A UN JEUNE ENFANT PAR UN VIEILLARD SON PARENT.

[Mettez les verbes à la deuxième personne du pluriel, s'il y a lieu.]

Cette lettre sera pour vous comme si elle venait du séjour des morts. Celui qui vous l'écrit sera dans le tombeau avant que vous *puissi... pes...* ses conseils. Votre tendre et excellent père m'a *demand...* de vous *adress...* quelque chose qui pût *exerc...* une influence favorable sur la direction future de votre vie, et moi aussi, qui porte le même nom que vous, je me sens *intéress...* à votre avenir. Peu de mots suffiront, si vous y *apport...* de votre côté de bonnes dispositions.

Vous *adorer...* Dieu, vous *vénérer...* et *chérir...* vos parents, vous *aimer...* votre prochain comme vous-même; vous *ser...* juste, vous *ser...* sincère; vous ne *murmurer...* jamais contre les voies de la Providence; si vous *agiss...* ainsi, la vie dans laquelle vous *entr...* sera pour vous une introduction à une félicité ineffable et éternelle. S'il est permis aux morts de prendre encore part aux choses de ce monde, je vous *suivr...* dans tous les actes de votre vie. Adieu.   THOMAS JEFFERSON.

Post-Scriptum. — *Décalogue des règles à observer dans la pratique de la vie.*

1. — Vous ne *remettr...* jamais à demain ce que vous *pourr...* faire aujourd'hui.

2. — Vous ne *déranger...* jamais une autre personne, pour une chose que vous *pourr...* faire vous-même.

3. — Vous ne *dépenser...* jamais votre argent avant de l'avoir dans vos mains.

4. — Vous n'*achèter...* point ce dont vous n'*av..* pas besoin, sous prétexte de bon marché; c'est encore trop cher pour vous.

5. — Vous vous *souviendr...* que l'orgueil nous coûte plus cher que la faim, la soif et le froid.

6. — Vous n'*oublier...* pas qu'on ne se repent jamais d'avoir trop peu *mang....*

7. — Vous *songer...* que rien de ce qu'on fait volontairement ne paraît pénible.

4

8. — Vous *considérer*... combien de chagrins nous ont coûtés des malheurs qui ne sont jamais *arriv*...

9. — Vous *prendr*... toutes choses du côté le plus facile.

10. — Si vous êtes en colère, vous *compter*... jusqu'à dix avant de *parl*..., et jusqu'à cent, si vous êtes bien en colère.

114. AMOUR MUTUEL DES ANIMAUX.

[Remplacez *oiseau* par *hirondelle*, et écrivez au féminin les mots soulignés.]

Un tout jeune *oiseau,* bien *étourdi,* comme on l'est à son âge, avait donné tête baissée dans un piége tendu par un enfant. Vous donner les détails de l'accident serait chose trop longue et totalement inutile. Toujours est-il qu'au bout de quelques jours, *le captif* avait recouvré sa liberté. Mais, *il* portait encore les stigmates de son esclavage passager, car, *il* s'était *échappé,* traînant un bout de fil attaché à la patte. *L'oiseau* était très-*gêné* dans tous ses mouvements par cet appendice, dont *il* se fût *passé* volontiers ; mais il ne lui était pas possible de s'en défaire.

Un jour, jour de funeste mémoire, sa ficelle s'accrocha à la saillie d'un toit, et *il* se vit de nouveau *prisonnier,* non par la volonté des hommes cette fois, mais par la force des choses.

Les jeunes filles d'un pensionnat voisin contemplaient *l'infortuné,* et adressaient leurs vœux au ciel pour sa délivrance ; mais c'était en vain : la ficelle résistait à toutes les secousses que lui imprimait *l'oiseau* dans l'intention manifeste de la rompre.

Cependant, les *oiseaux* du voisinage ne tardèrent pas à s'apercevoir de la position critique *du pauvret. Ils* accoururent aussitôt, s'efforçant à l'envi de l'arracher à ses entraves et *le* tirant, qui par la tête, qui par les ailes, qui par les plumes de la queue, sans réussir à *le* délivrer. *Ils* ne faisaient qu'ajouter à son supplice, en *le* dépouillant à chaque instant de quelques plumes nouvelles.

De guerre lasse, les *petits sauveteurs* finirent par laisser en paix leur *compagnon.* Mais, pour qu'*il* ne mourût pas de faim, *ils* se mirent en campagne et lui eurent bientôt apporté le produit de la chasse commune. Dieu sait les bons morceaux dont *il* put se régaler, et la bonne chère qu'*il* fit, bonne chère qui eût pu lui faire oublier la liberté, si la liberté pouvait jamais s'oublier !

Tandis que *le prisonnier* se repaissait ainsi de mouches encore palpitantes et d'autres insectes que lui procuraient ses *frères,* les jours et les nuits s'écoulaient sans qu'aucun indice de délivrance vînt luire à ses yeux. On était au samedi,

et c'était le mardi précédent que *le malheureux* s'était *senti*
soudain *arrêté* dans sa course aérienne.

Cependant, les jeunes témoins de ses tortures ne l'avaient pas
oublié. Elles adressèrent à la maîtresse de pension maintes sup-
pliques en faveur de leur *petit protégé*, et à la fin, on se rendit à
leurs vœux. Un couvreur monta sur le toit, et débarrassa l'*oiseau*
du fil malencontreux, cause de tant de douleurs, de tant de dévouement et d'une si vive compassion.

L'ex-*captif* prit aussitôt sa volée, remerciant par son joyeux
chant tous ceux qui avaient coopéré à son élargissement.

115. LE CHANVRE.

[Mettez *nous* au lieu de *on*. Ex.: *Nous cultivons* le chanvre, etc.]

Un savant agronome parlait en ces termes à des fermiers
qu'il avait rassemblés chez lui.

On cultive le chanvre pour les filaments et les graines qu'il
produit. Les filaments forment une étoupe que l'*on désigne* sous
le nom de filasse et que l'*on emploie* à des usages très-variés.
Les semences, que l'on connaît sous le nom de chènevis, servent
à nourrir les volailles et à faire de l'huile. Les pieds sont ou
mâles ou femelles.

Les pieds mâles sont généralement stériles et plus faibles; les
pieds femelles, qui portent graine, ne mûrissent que beaucoup
plus tard, et *on les cueille* longtemps après les premiers.

On sème le chènevis au printemps, dans un sol riche d'engrais; *on arrache* les tiges en août. *On coupe* les racines, la
tête et les feuilles; *on fait* des bottes avec les tiges, et *on les
met* rouir, c'est-à-dire qu'*on les enfonce* dans l'eau d'une mare
ou d'un ruisseau tranquille. Après qu'*on a chargé* de pierres
ces bottes, pour qu'elles plongent entièrement dans l'eau, *on les
maintient* environ quinze jours dans cet état. Le rouissage a
pour effet de détruire la gomme-résine au moyen de laquelle
les fibres s'attachent à l'écorce. Sans cette opération, *on arra-
cherait* plutôt les fibres qu'*on ne les détacherait*. L'infection que
les routoirs communiquent à l'air et à l'eau, fait désirer un
procédé moins nuisible à la santé publique; mais, jusqu'à présent, *on n'a imaginé* aucun moyen vraiment pratique que l'*on
puisse* substituer avantageusement au rouissage.

Il ne faut pas que le rouissage se prolonge au delà d'un certain temps: autrement, les filaments se détruiraient par la fermentation. *On retire* les bottes de l'eau et *on les dresse* au soleil et à l'air, pour qu'elles sèchent. Lorsque ensuite *on tire* les
fibres par un bout, elles se détachent jusqu'à l'autre bout, sans

solution de continuité. Cette opération s'appelle le teillage du chanvre. Ces fibres constituent la partie intérieure de l'écorce. Il reste un bois nommé chènevotte que *l'on emploie* pour faire des allumettes et pour chauffer le four. Afin d'aller plus vite, *on brise* souvent la tige à l'aide d'un instrument appelé mâchoire. Les fils sont si flexibles qu'ils ne se rompent point pendant ce travail.

Ce sont ces filaments qu'*on réunit* en bottes sous la dénomination de filasse. *On regarde* les plus longs et les plus fins comme les meilleurs. *On* les *passe* sous les dents d'un peigne appelé séran, afin d'en séparer les étoupes, qu'*on réserve* aux usages les plus grossiers. Quant à la filasse, *on la transforme* en fil destiné à la fabrication de la toile, en cordages, etc.

116. L'ÉLÉPHANT.

[Mettez le pluriel au lieu du singulier. — **Ex.** : A l'état sauvage, *les éléphants vivent* en grandes troupes, et n'*habitent* que les forêts les moins fréquentées des contrées chaudes de l'Asie, des îles de la Sonde et de différentes parties de l'Afrique.]

A l'état sauvage, *l'éléphant vit* en grandes troupes, et n'*habite* que les forêts les moins fréquentées des contrées chaudes de l'Asie, des îles de la Sonde[1] et de différentes parties de l'Afrique. Lorsque quelque troupe se voit menacée d'un danger, les vieux mâles marchent en tête, et les femelles à la suite avec leurs petits. *L'éléphant n'attaque* jamais *l'homme* ni *l'animal*; mais, s'*il est attaqué, il se défend* avec la fureur du désespoir, et alors *il devient terrible* tant que durent *sa* peur et *sa* colère.

Quand *il est pris, il se montre doux* et *soumis* et *s'habitue* en quelques jours à la captivité et à une obéissance passive. L'éducation qu'on *lui* donne est des plus simples : elle consiste à *lui* faire plier les jambes pour recevoir *son* cavalier ou un fardeau, à *le* rendre *docile* à la voix de *son* cornac et surtout aux avertissements de *son* crocket aigu, chaque fois qu'avec l'aide de celui-ci on *le* tire par l'oreille.

On s'en sert pour transporter du bois et toutes sortes de fardeaux; quelquefois aussi on *l'attelle* à une voiture, et, dans ce cas, on *lui* passe une grosse corde autour du cou en guise de collier. De chaque côté de ce collier, l'on fixe une autre corde dont le second bout va s'attacher à la voiture.

L'éléphant est fort *timide*, et rien ne peut *l'empêcher* de fuir dès qu'*il soupçonne* le moindre danger. La rencontre d'un tigre, d'un lion, ou simplement l'odeur d'un de ces animaux *lui* inspire

---

1. **Iles de la Sonde**, archipel de la Malaisie, dans lequel sont comprises les îles de Java, Sumatra, Timor.

une terreur qui *le* rend tout à fait *indocile* et même dangereux, à moins qu'*il* ne se *sente soutenu* par d'autres éléphants ou par une troupe de chasseurs.

Quoique très-*massif*, *l'éléphant marche* fort vite, faculté qu'*il doit* à la longueur de *ses* enjambées. *Son* allure ordinaire est un pas plus ou moins allongé: le plus souvent l'homme a beaucoup de peine à *le* suivre; car *il peut* faire vingt à vingt-cinq lieues par jour. *Sa* course consiste en un trot assez vif, que peut à peine égaler le galop d'un bon *cheval*. Mais quand *il est effrayé, il prend* fort bien le galop.

L'éléphant est quelquefois *affecté* d'albinisme[1]: *il est* alors fort *recherché* sous le nom d'*éléphant blanc*, et *il jouit* d'une grande vénération chez les Indous, qui *le* regardent comme *le roi* de *son* espèce, et *le* traitent en conséquence.

Quand on emploie *l'éléphant* à la guerre, on *l'*enivre d'opium afin que, *devenu furieux* et presque *fou, il s'élance* sur l'ennemi.

Quelquefois, on *le* dresse pour remplir l'office de bourreau, et *il apprend* si bien *son* rôle, qu'*il* se *trompe* rarement sur la progression des supplices. Lorsqu'un criminel doit passer par la torture avant de mourir, *l'éléphant* lui *arrache* les bras l'un après l'autre, et *l'écrase* ensuite. Quand la mort seule est ordonnée, *il prend* le patient avec *sa* trompe, le *jette* en l'air, le *reçoit* sur *ses* défenses et le *transperce*. Enfin, quand la sentence laisse au malheureux une chance de vie, *l'éléphant* le *lance* dans l'espace et le *laisse* retomber au hasard. Parfois, le criminel en est quitte pour la peur; mais, d'ordinaire il ne sort de cette épreuve que manchot ou boiteux.

117. LE CHAMEAU.

[Mettez au singulier tous les mots soulignés. Ex.: *Le chameau est* pour les Orientaux ce que *le renne est* pour les Lapons.]

Les chameaux sont pour les Orientaux ce que *les rennes sont* pour les Lapons. *Ils nourrissent leurs maîtres* de *leur* lait et de *leur* chair, qui est aussi bonne que celle des jeunes veaux. En outre, *leurs poils* plus *longs* et plus *moelleux* parfois que nos laines les plus estimées, *servent* à faire des vêtements. Dans *leurs longues courses* au milieu des *déserts*, les *Arabes emploient* la fiente de *leurs chameaux* comme litière, pour *leurs* bêtes de somme, et comme combustible pour *eux-mêmes* dans la prépa-

---

1. *Albinisme*, affection des hommes et des animaux, quelquefois des végétaux, caractérisée par la couleur blanche de la peau, des cheveux, des poils, par la pâleur de l'iris de l'œil et le rouge prononcé de la pupille. — On appelle *albino* les personnes affectées d'*albinisme*.

tion de *leurs* aliments. Ce n'est pas tout : *ils retirent* des excréments de *ces animaux* du sel ammoniac, dont *ils ont* eu le monopole pendant plusieurs siècles.

C'est surtout comme *bêtes* de somme que *les chameaux sont précieux. Seuls, ils ont* rendu *habitables ces régions désolées* où *les Arabes ont* toujours trouvé un asile pour *leur* farouche indépendance ; *seuls, ils ont* pu rapprocher par le commerce ces peuples, que *séparaient des Océans* de sable. Aussi, les Orientaux *les* ont-ils *appelés*, dans leur langue imagée, *les navires* du désert. *Les chameaux doivent les avantages* dont *ils sont doués* à la conformation de *leurs* pieds et à *leur* sobriété. Grâce à la semelle large et plate que la nature a étendue sous *leurs* doigts, *ils peuvent* marcher sans enfoncer dans *des sables mouvants*, où *des éléphants resteraient* comme *ensevelis*, d'où *des chevaux* ne se *tireraient* pas sans *des efforts continuels* et au-dessus de *leurs* forces.

La sobriété *des chameaux* est proverbiale en Orient; mais c'est en grande partie une qualité acquise. Sous ce rapport, *les chameaux élevés* pour vivre dans *les déserts, sont* bien *supérieurs* à *ceux* qui *habitent des contrées* plus *favorisées* de la nature. *Ils sont habitués* de bonne heure aux privations. Dès que *leur* croissance est terminée, les éleveurs règlent les repas de *ces animaux* et diminuent la quantité de nourriture. *Les propriétaires les habituent* surtout à se passer de boisson, et, par cette éducation, *ils les rendent capables* de supporter une abstinence prolongée. *Des chameaux chargés* de huit cents à mille livres, faisant dix à douze lieues sous un soleil brûlant, n'*ont*, pour tout aliment, qu'une poignée de grains, quelques dattes ou un peu de pâte de maïs. *Ils sont* souvent huit à dix jours sans boire ; mais, après ce temps, s'*ils passent* dans le voisinage d'une mare d'eau, *ils* la *sentent*, fût-elle à une demi-lieue de distance; et, hâtant le pas, *ils courent* se désaltérer pour la soif passée et pour la soif à venir.

La faculté que *possèdent les chameaux*, de pouvoir se passer de boire, est généralement attribuée à ce qu'*ils ont* dans *leur* estomac un réservoir où *ils déposent* une provision d'eau qui s'y conserve sans altération. Mais ce n'est pas seulement l'eau que *les chameaux gardent* ainsi en réserve. *Destinés* par la nature à traverser de longs jours de disette, *ils ont* également reçu le don d'emmagasiner, pour ainsi dire, une certaine quantité d'aliments solides. *Les loupes graisseuses* ou *bosses* qu'*ils ont* sur le dos, *paraissent* jouer le même rôle que les amas de matières grasses que nous voyons chez nos loirs et chez nos marmottes. En effet, *ces animaux sont-ils* quelque temps *privés* de *leur* ration ordinaire, alors *leur bosse* diminue et, après de longs et pénibles voyages, on ne voit à la place que *des es-pèces* de *poches, formées* par la peau, et retombant sur le dos.

Pour que *les chameaux puissent* rendre tous les services qu'on peut en tirer, il *leur* faut un certain degré d'embonpoint. Aussi, *les marchands* qui *vont* de Barbarie en Ethiopie *partent-ils* avec *des chameaux* bien gras. Au retour, *ces mêmes chameaux sont* excessivement *maigres* et *faibles. Ils sont vendus* alors à vil prix à *des Arabes* qui *les engraissent. Ils* ne *tardent* pas à recouvrer *leur* vigueur primitive, en même temps que *leur* embonpoint.

118. LA MENDIANTE.

[Mettez au masculin tous les mots soulignés. Ex.: *Seul, un homme* parcourait les rues étroites de ce village.]

Deux terribles fléaux, la disette et l'hiver, sévissaient en même temps sur les populations rurales de l'Angleterre, et jetaient l'épouvante dans toutes les âmes. Un matin que le froid avait redoublé de violence, tous les habitants d'un village s'é-taient confinés dans leurs chaumières, avec la ferme résolution de n'en sortir que dans le cas où ils s'y verraient contraints par la plus impérieuse nécessité.

Seule, une femme parcourait les rues désertes de ce village. C'était *une mendiante inconnue* dans la contrée, et que la misère sans doute avait *éloignée* des lieux qui l'avaient *vue* naître. *Elle* cherchait à recueillir une chétive aumône qui lui permît d'apaiser la faim dont *elle* se sentait *tourmentée.*

Les rares personnes qui se hasardaient à répondre à son appel, pouvaient remarquer qu'*elle* était fort proprement *vêlue,* quoique ses habits fussent tout usés; il n'était pas difficile de voir que l'*infortunée* était *parvenue* à grand'peine à réunir ensemble tous les lambeaux qui composaient ses vêtements. Pour se garantir de la neige qui tombait à gros flocons, et du vent qui se déchaînait par rafales, *elle* s'était enveloppé la tête d'une étoffe de laine, dont quelque âme compatissante l'avait sans doute récemment *gratifiée.*

Appuyée d'une main sur un long bâton noueux dont *elle* s'était *munie* pour s'aider à marcher, *elle* portait de l'autre un vieux panier, où *elle* mettait les minces offrandes qu'*elle* pouvait recevoir.

En vain avait-*elle* déjà frappé à une multitude de portes, en vain s'était-*elle adressée* aux paysans les plus riches de l'endroit : ou bien *elle* n'avait recueilli que des dons insignifiants, ou bien même *elle* s'était *vue* éconduire avec une dureté inhumaine.

Repoussée de la sorte, *la mendiante* marchait péniblement, sous le poids de son malheur, lorsque tout à coup une voix tremblante et sympathique retentit à ses oreilles. O surprise agréable! la chaumière d'un paysan venait de s'ouvrir devant *elle* ; on lui faisait signe d'entrer! *Introduite* dans cette cabane, qui lui parut le plus délicieux séjour qu'il y eût au monde, *la pauvresse* se trouva dans une chambre bien chauffée, où ses hôtes, pleins d'égards pour *elle*, lui cédèrent la meilleure place au coin du feu.

Après s'être bien *réchauffée, elle* s'apprêtait à se retirer ; mais *elle* fut *contrainte* par les instances de ses hôtes à se rasseoir et à partager leur modeste repas. De quels sentiments de reconnaissance ne fut-*elle* pas *pénétrée* lorsque, *attablée* avec ces bonnes gens, *elle* se vit *traitée* comme un membre de la famille. Cette réception, à laquelle *elle* s'était si peu *attendue*, lui fit verser des larmes d'attendrissement.

La mendiante, après s'être bien *réchauffée*, bien *reposée* et bien *remise*, se décida à prendre congé des excellents villageois qui l'avaient *secourue* avec une si touchante cordialité, et *elle* se sentit bien *émue*, lorsque, les ayant remerciés une dernière fois, elle s'en sépara définitivement.

Le lendemain, grande rumeur dans tout le village. Une foule de gens étaient invités à souper le soir même au château. C'étaient précisément tous ceux chez lesquels *la mendiante inconnue* s'était *présentée* la veille. Quand tous les conviés furent réunis dans la vaste salle à manger du manoir, ils y virent dressées deux tables : une toute petite, chargée des mets les plus exquis, et une autre immense sur laquelle étaient disposées un grand nombre d'assiettes vides, ou à peu près ; dans quelques-unes on voyait une croûte de pain moisi, une ou deux petites pommes de terre, ou bien encore une pincée de mauvaise farine. Sur toutes les autres, il n'y avait absolument rien.

Soudain *la châtelaine* parut: « Je suis, dit-*elle, cette mendiante* que vous avez *aperçue* hier, parcourant les rues du village. Sachant combien il y a de pauvres qui souffrent à cette époque de l'année et pendant la disette que nous traversons, *désireuse* de constater par moi-même de quelle manière vous exerciez la charité envers les indigents, je me suis *déguisée* de façon à n'être *reconnue* d'aucun de vous, et, *revêtue* de misérables haillons, je suis *allée* solliciter vos aumônes. Comment m'avez-vous *accueillie?* la rougeur qui couvre vos fronts ne le dit que trop. Combien n'ai-je pas été *surprise, affligée, désolée* en remarquant que vos cœurs restaient sourds et indifférents aux supplications *de la mendiante!* Vous aviez là devant vos yeux *une mal-*

heureuse femme grelottante, affamée, harassée de fatigue ; et néanmoins je me suis *vue repoussée, honnie, maltraitée.*

» Comment voulez-vous que moi, votre *châtelaine,* votre *protectrice naturelle,* je sois *bonne* envers vous, lorsque vous vous montrez durs et impitoyables envers vos frères ? Auriez-vous le droit de vous plaindre si, réduits aux plus cruelles infortunes, et implorant ma pitié, je vous éconduisais de ce château comme vous m'avez *éconduite* de vos demeures ; mais rassurez-vous, je ne veux point me faire *persécutrice.* Je continuerai à me montrer *telle* que j'ai toujours été envers vous, pourvu qu'en retour vous preniez la résolution de vous comporter à l'avenir d'une façon plus humaine et surtout plus chrétienne. N'en parlons donc plus. Au lieu du dîner splendide auquel vous vous attendiez, acceptez la modeste collation que l'on va vous servir. Ce sera la seule peine que vous infligera votre *châtelaine,* avant de vous rendre toute son affection.

» Quant aux braves gens qui m'ont *reçue* avec une si touchante cordialité et qui ont considéré *la pauvre étrangère* comme un membre de leur famille, je leur constitue, à titre de témoignage d'estime et de reconnaissance, une rente annuelle, faible récompense de leur générosité. »

119. CHRISTOPHE COLOMB.

[Appliquez les règles connues.]

On sait que la découverte de l'Amérique a procuré à l'Espagne les immenses trésors qui contribuèrent tant à établir sa suprématie sur les autres États de l'Europe pendant le seizième siècle. Mais *(ses* ou *ces)* richesses, l'Espagne ne les a pas *dû...* à l'un de *(ses* ou *ces)* enfants : ce fut un étranger qui les lui donna, et qui ajouta aux fleurons de sa couronne ces beaux joyaux que l'on a *appelé...* depuis les vice-royautés du Mexique et du Pérou. Or, quelles récompenses Colomb a-t-il *reçu...* pour de si grands services ? Sa carrière s'est-elle *terminé...* dans les dignités et les honneurs qu'il avait si bien *mérité...?* C'est ce que la suite de ce récit nous apprendra.

Colomb *commen.ait* à *désespér...,* lorsqu'enfin l'Espagne *(se* ou *ce)* décida à lui *accord...* trois vieux vaisseaux et les hommes nécessaires pour l'expédition. Les frères Pinson furent *adjoint...* comme lieutenants à Colomb. Ayant mis à la voile au port de Palos en Andalousie, le 3 août 1492, nos aventuriers s'étaient d'abord *dirigé...* vers les Canaries. C'est de cet Archipel qu'ils *partir...* à la recherche d'un Nouveau Monde.

Tout alla bien les premiers jours ; mais ensuite l'impatience et le découragement ayant *envah*... les équipages, la position de Colomb devint des plus difficiles. Déjà (*ses* ou *ces*) compagnons l'avaient menacé de le *jet*... à la mer s'il ne consentait à reprendre immédiatement la route de l'Espagne. Après les avoir longtemps *supplié*..., il finit par obtenir d'eux quelques jours encore avant de se *résign*... au retour. Si les équipages ne s'étaient pas alors *trouvé*... dans le voisinage du nouveau monde, c'en était fait de l'entreprise la plus intelligente qu'eussent encore *tenté*... les modernes. Colomb eût été à jamais *considér*... comme un visionnaire, comme un insensé qui avait exposé la vie d'un millier d'hommes, pour satisfaire (*ces* ou *ses*) projets non moins ambitieux que déraisonnables.

Heureusement, des indices infaillibles, mais imperceptibles aux yeux des matelots, avaient *révél*... à Colomb la proximité d'un continent. Bientôt même d'autres signes visibles pour tous s'étaient *manifesté*... Les équipages avaient *aperç*... des troupes de ces oiseaux qui ne s'éloignent jamais beaucoup des côtes. L'inconstance des vents, qui signale l'approche de la terre, était *devenu*... bien évidente. Enfin, une pièce de bois, *travaillé*... de main d'homme, avait été *recueilli*... par l'un des navires, tandis qu'un autre avait retiré de l'eau des roseaux et des branches d'arbres *fraîchem*... coupées.

Tous les compagnons de Colomb étaient enfin *convaincu*... que l'on touchait au but de l'entreprise pour laquelle ils avaient *risqu*... leur vie. Craignant que les navires ne (*soient* ou *fussent*) à la côte et ne se *perd*... pendant la nuit, Colomb recommanda la vigilance la plus scrupuleuse. Cette fois, les hardis navigateurs ne s'étaient pas *trompé*..., comme cela leur était déjà arrivé si souvent. Dans la nuit du 11 au 12 octobre 1492, environ une heure et *demi*... après minuit, le commandant de la Pinta, qui marchait en avant, *aper.ut* une lumière qui se *dépla-.ait* et ne pouvait conséquemment provenir que d'une terre habitée. Il s'arrêta. Tous attendirent avec la plus vive anxiété que le jour *par*.... Il vint enfin, et les Européens *ébloui*... purent *contempl*... à deux lieues environ de leurs vaisseaux une terre faisant partie de celles dont leur chef *avai*... deviné l'existence. Elle se montrait à eux *paré*... de la plus riche verdure.

Tous, *transporté*... de joie, se jetèrent aux pieds de Colomb, le conjurant *d'oubli*... leurs actes de rébellion et leur défiance à son égard, lui (*jurant*) qu'à l'avenir ils *obéirai*... aveuglément à tous les ordres qu'il lui plairait de leur donner. Colomb, le cœur inondé de joie, amnistia toutes les fautes *pass*...

Aussitôt toutes les dispositions (*relatif*) au débarquement ayant été *pris*..., les trois vaisseaux s'avancèrent vers la terre. *Quan*... ils se furent *approché*... à une petite distance du rivage, ils virent des hommes *entièrem*... nus accourir de toutes parts, *attiré*... par la vue des vaisseaux. Les Espagnols débarquèrent au milieu de cette multitude démesurément (*curieux*), mais (*inoffensif*). Colomb, l'épée à la main, descendit à terre le premier. S'étant agenouillé, il baisa ce sol qui devait être bientôt arrosé de torrents de sang humain versé pour satisfaire l'insatiable avidité des Européens.

Après quelques jours *consacré*... au repos, à l'exploration et à l'étude de l'archipel, Colomb y laissa une partie de (*ses* ou *ces*) gens, et reprit la route de l'Europe (*ou, où*) il était impatient d'*annonc*... sa découverte.

Colomb fut *re.u* par Ferdinand et Isabelle, alors souverains de l'Espagne, comme s'il eût été leur égal ; mais cette faveur dura peu. Plusieurs fois, il traversa l'Océan dans le but d'étendre et de *consolid*... la domination espagnole dans les régions dont il avait *dot*... l'Espagne, et chaque fois il était plus froidement accueilli. On en vint même bientôt aux persécutions *ouvert*..., et un jour, les souverains de l'Espagne s'oublièrent jusqu'à *charg*... Colomb de chaînes, et à le *plong*... dans un cachot. Il est vrai qu'ils reconnurent plus tard leurs torts, et on doit les *félicit*... d'avoir *cherch*... à les *répar*...: mais Colomb n'en reste pas moins comme un exemple fameux des lâches poursuites et des persécutions auxquelles les hommes de génie n'ont guère pu *échapp*... en aucun temps.

120. DÉVOUEMENT D'EUSTACHE DE SAINT-PIERRE [1].

[Appliquez toutes les règles connues.]

I.

Après qu'Edouard III (*vaincre*) les Français à Crécy, (*quelque*) affaiblis que fussent ces derniers à la suite de cet épouvantable désastre, il n'osa pas se jeter sur la France, et alla investir Calais. Mais la place était (*entouré*) de solides murailles et (*défendu*) par (*de* ou *des*) bourgeois (*soucieux*) de leur honneur militaire ; le roi anglais s'aperçut bien vite qu'il ne pourrait la prendre de vive force, et qu'il y entrerait (*plus tôt, plutôt*) en cherchant à la réduire par la famine. Cette résolution (*adopté*), l'armée anglaise s'établit dans un camp composé de baraques en bois très-(*commode*), et comme l'armée était bien (*approvisionné*), elle était (*sûr*) de se rendre tôt ou tard

---

(1) Le trait que nous allons citer se passait en 1347.

(*maître*) de Calais, dût-elle rester tout l'hiver dans cette position. En effet, après une inutile tentative de Philippe de Valois pour secourir la ville (*assiégé*), les Calaisiens se virent en proie à (*tout*) les horreurs de la famine. (*Décimé*) par les privations de (*tout*) nature, (*demi*) morts de faim et de misère, (*quelque, quel que*) fût leur résolution de ne pas *sépar*... leur cause de celle de la France, ils furent (*contraint*) d'entrer en pourparlers avec Edouard pour la reddition de la place. Le roi d'Angleterre, que la longue résistance de Calais exaspérait vivement, demanda d'abord que la population (*se rendre*) à discrétion ; puis, il se borna à *exig*... que six des principaux bourgeois de la ville (*venir*) (*nu*) pieds, en chemise, et la corde au cou lui remettre les clefs de la ville et *s'abandonn*... à sa volonté. *Quan*... les habitants de Calais, (*rassemblé*) dans la halle, eurent été (*instruit*) des conditions que les assiégeants avaient (*résolu*), d'imposer, ce (*être*, passé déf.) une stupéfaction et une douleur (*tel*), que quiconque les eût (*vu*), dit un historien contemporain, en eût eu pitié. Tout à coup, au milieu du silence et de la consternation générale, l'un des plus (*riche*) bourgeois de la ville, Eustache de Saint-Pierre, se leva et déclara être (*prêt à, près de*) faire le sacrifice de sa vie pour *sauv*... ses concitoyens. Son exemple entraîna cinq autres de ses compatriotes, qui se dévouèrent avec lui.

II.

Ils prirent le chemin du camp anglais. Lorsqu'ils furent (*parvenu*) devant Edouard, ce prince, qui (*haïr*, imp. de l'ind.) profondément les habitants de Calais à cause des grands dommages qu'ils lui avaient (*fait*) éprouver sur mer, se tint (*tout*) coi et leur lança un regard courroucé. Cependant, ils présentèrent les clefs de la ville, et s'étant (*jeté*) à genoux, implorèrent la pitié du monarque. De (*tout*) les assistants, il n'y eut personne assez endurci pour ne point se sentir ému de compassion ; il n'y eut pas un vaillant homme qui se pût abstenir de *pleur*.... Le roi après avoir *jet*... sur eux un regard courroucé, ne prit la parole que pour *command*... qu'on leur (*couper*) la tête. (*Tout*) les hommes de guerre présents conjurèrent le roi de vouloir bien avoir pitié de ces malheureux ; mais Edouard grinça des dents, et s'écria : « Qu'on (*faire*) venir le coupe-tête ! » Alors la reine d'Angleterre se jeta à genoux aux pieds du roi pour lui demander qu'il (*vouloir*) bien accorder la vie aux six Calaisiens. Le roi n'y consentit qu'à grand'peine ; mais enfin il y consentit. La reine, après qu'elle l'en eut (*remercié*), fit lever Eustache de St-Pierre et ses compagnons, ordonna qu'on leur (*ôter*) les cordes qui étaient (*passé*) autour de leur cou, et les emmena en son logis, (*ou*) elle leur fit *donn...* des vêtements et leur fit servir à dîner. En outre, elle eut soin qu'ils fussent (*gratifié*) de six écus chacun, après quoi ils furent (*conduit*) sains et saufs hors du camp.

Quan.... aux habitants de Calais, ils eurent la vie (*sauf*); ce fut une faveur dont personne ne fut (*excepté*); mais il furent (*tout*) *obligé*) d'évacuer la ville, qui fut (*repeuplé*) par une colonie anglaise.

121. INTELLIGENCE DES OISEAUX.

[Appliquez toutes les règles connues.]

Un jour d'été, je me promenais le long d'une petite rivière, quand tout à coup, j'aperçus dans les airs un faucon qui, les ailes (*déployé*), s'abattait vers la terre avec impétuosité. Il n'était plus qu'à une faible distance du sol, quand je (*voir*) sept à huit perdrix, qui (*picorer*) dans un champ de blé, voler à sa rencontre en phalange (*serré*) et l'attaquer résolûment. Quelque effort que fît le faucon pour sortir de la défensive et pour saisir entre ses puissantes serres quelqu'une de ces (*courageux*) perdrix, il n'y put réussir, et dut battre en retraite. Néanmoins, il revint bientôt à la charge; mais les perdrix, (*renouvelant*) la manœuvre qui leur avait si bien (*réussi*) une première fois, tinrent (*ferme*) contre l'oiseau de proie, qu'elles (*forcer*) encore à s'éloigner. A deux autres reprises, le faucon ne fut pas plus heureux, (*quelque*) violents que fussent les efforts qu'il tentait. Les choses en (*était*) à ce point (*quan...*), à ma grande surprise, j'(*apercevoir*) un second faucon accourant à tire-(*d'aile*) pour prêter au premier larron l'appui de son bec et de ses ongles (*acéré*). Que fût-il advenu des pauvres perdrix si je ne me fusse (*porté*) sur le théâtre de la lutte? Peut-être qu'en cette occasion, comme en tant d'autres, le bon droit eût été (*vaincu*) et que les perdrix fussent (*devenu*) la proie de leurs féroces agresseurs. Mais, à mon approche, ces derniers, (*flairant*) en moi un adversaire plus fort qu'eux, jugèrent (*prudent*) de renoncer à la lutte, et disparurent *promptem...* à travers les airs.

122. BATAILLE D'ALLIA. SIÉGE DE ROME PAR LES GAULOIS.

I.

Ce fut une circonstance (*tout*) fortuite qui décida les Gaulois à marcher contre Rome. Ces peuples avaient (*traversé*) l'Apennin et étaient (*venu*) demander aux habitants de Clusium des terres (*ou*) ils pussent s'établir. Ces derniers, (*quelque*) (*effrayé*) qu'ils (*être*) par la présence des barbares, prirent cependant la résolution de repousser leur demande. (*Attaqué*) aussitôt, ils implorèrent la protection des Romains, qui envoyèrent à Clusium, en qualité de (*médiateur*), trois membres de l'illustre famille des Fabius. Mais ces ambassadeurs, (*oubliant*) le caractère sacré dont on les avait (*revêtu*), se mirent à la tête des Clusiens pour combattre les barbares. Ceux-ci s'en étant vainement (*plaint*) au sénat de Rome, et n'ayant (*reçu*) aucune satisfaction, abandonnèrent le siége de Clusium pour *all... attaqu...* la ville de Romulus.

Ce fut sur les bords de l'Allia, à une (*demi*) journée de Rome, qu'ils rencontrèrent l'armée romaine. Quoique cette armée ne (*être*) (*composé*) que de soldats (*aguerri*), qui (*tout*) avaient (*fait*) leurs preuves, la haute taille de l'ennemi et son aspect sauvage la (*glacer*) d'effroi. (*Saisi*) d'une de ces terreurs paniques si (*fréquent*) à la guerre, elle prit la fuite sans avoir (*essayé*) une résistance (*quelque*) peu sérieuse. Force Romains se (*noyer*) dans le Tibre pendant la déroute. (*Quan....*) à ceux qui purent traverser ce fleuve à la nage, ils (*courir*) chercher un refuge derrière les remparts de Véies. Voilà ce qu'il advint du centre et de l'aile gauche de l'armée. L'aile droite fut plus heureuse : elle put (*gagn...*) Rome précipitamment, et se *retranch...* dans la citadelle du mont Capitolin. Le sénat, les magistrats, les prêtres s'y (*jeter*) aussi. Enfin, (*quelque*) milliers de jeunes patriciens très-braves ne (*tarder*) pas à les y rejoindre.

Les Gaulois s'étaient immédiatement (*livré*) à la poursuite des fuyards. *Quan....* ils arrivèrent sous les murs de Rome, ils (*s'arrêter*), (*craignant*) que le silence qui régnait dans la ville (*fût*, ne *fût*) (*concerté*), et que les ténèbres ... les fissent tomber dans quelque piége. Le lendemain, dès que le jour parut, ils (*pénétrer*) jusqu'au forum, d'(*ou*) ils se (*répandre*) dans tous les quartiers de la ville, (*fouillant*) les maisons et (*faisant*) main basse sur tout ce qui était à leur convenance. Cependant, (*quelque*) vieux sénateurs étaient restés dans leurs demeures, assis sur leurs chaises curules. Les barbares, (*quelque*) fût leur audace, (*quelque*) surexcités qu'ils fussent par leurs succès récents, les respectèrent d'abord, soit que, (*vu*) leur immobilité, ils les prissent pour des statues, soit que (*plutôt*, *plus tôt*), ils les considérassent comme des êtres surnaturels. Cependant un Gaulois ayant (*passé* la main sur la barbe blanche de Papirius, (*celui-ci, celui-là*) le frappa de son bâton d'ivoire, et le Gaulois (*irrité*) le perça de son épée. Ce fut le signal du massacre : la totalité de ces vieux consulaires (*périr*). Puis le pillage et l'incendie (*couronner*) l'œuvre d'extermination.

II.

Bientôt les Gaulois entreprirent d'*escalad...* le mont Capitolin et de prendre de vive force la citadelle (*bâti*) sur cette hauteur; mais (*vu*) leur inhabileté dans l'art d'*assiég...* les places, leur tentative échoua complétement; elle ne fut pas (*renouvelé*), et ils convertirent le siége en blocus. Sept mois (*durant*), ils campèrent au milieu des ruines de Rome, (*attendant*) que la famine leur (*livrer*) les troupes (*renfermé*) dans le Capitole. Cependant, les assiégeants (*manquant*) aussi de vivres, se mirent à piller les localités (*situé*) (*autour, alentour*) de Rome, de sorte que les Latins et les Etrusques, qui s'étaient d'abord (*réjoui*) de voir les Romains (*défait*) et (*humilié*), commencèrent à souffrir eux-(*même*) de la présence des Gaulois. La ville d'Ardée avait (*confié*) à Camille (*quelque*) troupes légères, avec lesquelles ce capitaine avait (*remporté*) sur les barbares certains avantages. Les Romains, (*réfugié*) à Véies, en ayant été (*averti*), appelèrent Camille au milieu d'eux et le créèrent dictateur. La sanction du sénat et un décret du peuple (*être*, imp. de l'ind.) (*nécessaire*) pour la validité de cet acte. Un jeune plébéien, Cominius, franchit le Tibre à la nage, passa à travers le camp gaulois sans être (*aperçu*), et s'aidant des ronces et des arbustes qui (*couvrir*, imp. de l'ind.) les flancs de la colline, il parvint jusqu'au Capitole. Il en sortit d'une manière (*tout*) aussi heureuse, et rapporta à Véies la nomination de Camille. Ses pas avaient (*laissé*) des empreintes qui furent (*remarqué*) par les Gaulois. Ceux-ci, (*suivant*) le chemin qui leur était (*tracé*) de la sorte, parvinrent pendant une nuit obscure jusqu'à la citadelle. Déjà, ils en avaient (*atteint*) les créneaux, lorsque le cri des oies (*consacré*) à Junon réveilla les défenseurs de cette forteresse : les Gaulois furent (*précipité*) du haut des murs. A la fin, le manque de vivres (*obliger*, passé déf.) les Romains à capituler, et ils convinrent de payer au Brenn ou chef des Gaulois pour leur rançon (1000) livres d'or. Les barbares n'ayant pas (*rougi*) de se servir de faux poids pour peser cet or, le tribun militaire Sulpicius s'en plaignit. Alors, portant son épée et son baudrier dans le plateau de la balance, le brenn s'écria : Malheur aux vaincus !

Les Gaulois s'étaient (*retiré*) de la ville ; mais Camille refusant de ratifier la convention qu'ils avaient (*conclu*) avec la garnison du Capitole, se mit à harceler les barbares dans leur retraite. Il détruisit la plupart de leurs bandes, (*excepté*) quelques-unes, qui allèrent s'établir dans les montagnes de la Sabine, d'(*ou*) elles descendirent bien des fois par la suite pour *attaqu...* les Romains.

HOMONYMES

On dit que deux ou plusieurs mots sont *homonymes* lorsqu'ils se prononcent de la même manière. Ex. : *Ancre* d'un vaisseau, *encre* pour écrire. Mais on remarquera que ces deux homonymes ont une orthographe différente, puisque l'un prend un *a* et l'autre un *e*; cette différence d'orthographe sert à les distinguer l'un de l'autre.

Définitions.

1. AIR, que l'on respire, mine, façon, figure, mélodie. — AIRE, surface unie et dure sur laquelle on bat le blé, surface plane, surface quelconque, direction du vent, nid de l'aigle. — ÈRE, époque fixe d'où l'on commence à compter les années. — Il ERRE, du verbe *errer*. — ERRES, traces d'un cerf. — ERS, genre de plantes semblables aux pois et dont les lentilles font partie. — HAIRE, chemise de crin que l'on met pour faire pénitence. — HÈRE, pauvre diable.
2. ALENE, outil de cordonnier. — HALEINE, souffle produit par la respiration.
3. AMANDE, fruit de l'amandier, graine renfermée dans un noyau. — AMENDE, somme d'argent que l'on est condamné à verser.
4. ANCRE, instrument de fer servant à fixer les vaisseaux. — ENCRE, liquide noir avec lequel on écrit.
5. ANTRE, grotte, caverne. — ENTRE (préposition), parmi, au milieu de.
6. ARE, unité de mesure pour les champs. — ARRHES, argent donné comme gage de la conclusion d'un marché. — ART, manière de faire une chose, adresse. — HART, lien d'osier.
7. AUSPICE, présage, protection. — HOSPICE, hôpital.
8. AUTEL, dans une église.— HÔTEL, maison de maître, maison meublée.
9. AUTEUR, d'un livre, d'un objet d'art. — HAUTEUR, élévation. — HOTTEUR, qui porte une hotte.
10. BAL, réunion où l'on danse. — BALE, ville de Suisse.— BALLE, petite boule avec laquelle on joue, boule de plomb dont on charge un fusil, gros paquet de marchandises, enveloppe de la fleur des céréales.
11. BALAI, ustensile avec lequel on nettoie les appartements. — BALAIS, équivalent de l'adjectif rouge. — BALLET, espèce de danse exécutée sur un théâtre.
12. BAN, publication, résidence assignée à un condamné libéré mais soumis à la surveillance. — BANC, pour s'asseoir.

EXERCICE 125.

[Remplacez les points par le mot convenable.]

1. C'est à la campagne qu'on respire l'... le plus pur. — Les chasseurs ont perdu les... du cerf. — On distingue trente-deux... de vents principales. — Le blé est déjà disposé sur l'... — L'... chrétienne date de la naissance de Notre-Seigneur Jésus-Christ. — Celui qui ne connaît point Dieu... dans les ténèbres. — Ne faites pas de mal à ce pauvre... — Ce religieux portait une... bien dure. — Les pois, la vesce, les.... et autres légumes sont cultivés dans beaucoup de pays.
2. Cet homme a l'... douce. — Autrefois, dans certaines occasions, on perçait la langue des criminels avec une...

3. On condamne à l'... ceux qui coupent du bois dans les forêts. — On distingue les ... en... douces et en... amères.

4. L'... dont on se sert pour écrire s'obtient en faisant bouillir de la noix de galle avec du vitriol vert dissous dans l'eau. — Le vaisseau jeta l'... dès qu'il fut arrivé dans le port.

5. Les sauvages habitent souvent les... que la nature semble avoir creusés exprès pour eux. — Une profonde inimitié a toujours régné... les chiens et les chats.

6. Quand un marché conclu ne se consomme pas, il est d'usage de rendre les... — Eustache de Saint-Pierre et ses compagnons se présentèrent au camp d'Edouard III, nu-pieds, en chemise et la... au cou. — Les beaux-... sont : la musique, la peinture, la sculpture et l'architecture. — La superficie de ce terrain est de plus de cent...

7. Cette œuvre de bienfaisance a été établie sous les... du souverain. — L'... des Incurables est celui où l'on admet les malades qu'il n'est pas possible de guérir.

8. Une sorte d'auberge où on loge les voyageurs se nomme aussi un... — Pendant tout le moyen âge les... de nos églises étaient de simples tables de pierre supportées par de petites colonnes également en pierre ; on rétablit ces sortes d'... presque partout et notamment dans l'église de Notre-Dame à Paris. — La résidence d'un grand personnage s'appelle son...

9. Parmi les... français de premier ordre, on peut citer Pascal, Bossuet, Fénelon, Corneille, Boileau et La Fontaine. — Pendant la vendange, les... transportent le raisin de la vigne au cellier. — La ... du mont Blanc est d'environ quatre mille mètres.

10. Les marchands colporteurs sont chargés d'une lourde... — La ville de... est située sur le bord du Rhin. — Il y a eu un beau... à la mairie.

11. Lequel préférez-vous, un... de crin ou un... de bouleau ? — Les... de l'Opéra de Paris sont célèbres dans le monde entier. — Il y a chez le bijoutier un beau rubis...

12. A l'école, cet élève occupe presque toujours le... d'honneur. — Les publications de mariage sont souvent désignées sous le nom de... — Les condamnés libérés sont souvent punis pour rupture de...

Définitions.

1. BAH! interjection. — BAS, vêtement qui sert à couvrir le pied et la jambe, ce qui a peu de hauteur, la partie inférieure d'un objet. — BAT, d'un âne ou de toute autre bête de somme.

2. La BOUE des rues. — Le BOUT d'un bâton.

3. Le CAHOT d'une voiture. — CHAOS, confusion, désordre extrême.

4. CANE, la femelle du canard. — CANNE, bâton de voyage, sorte de roseau.

5. CAR, conjonction. — QUART, la quatrième partie d'un objet.

6. CELLIER, endroit frais pour serrer le vin. — SELLIER, ouvrier qui fait des harnais pour les chevaux.

7. CÈNE, dernier repas de N.-S. J.-C. avec ses apôtres. — La SCÈNE d'un théâtre. — La SEINE, fleuve. — SENNE, sorte de filet, s'écrit aussi SEINE. — SAINE, féminin de l'adjectif *sain*.

8. Le CERF, de la forêt. — SERF, esclave.

9. CHAIR, viande. — CHAIRE à prêcher. — CHER, adjectif. — CHÈRE, l'ensemble des mets d'un repas.

10. CHAÎNE, de fer, de cuivre, d'or. — CHÊNE, arbre.

EXERCICE 124.

1. Le... de sa robe touchait la terre. — ...! les choses se seraient-elles donc passées ainsi? — A quelque maître que l'âne appartienne, il faut toujours que le pauvre animal porte son... — Les... de laine sont les plus sains en hiver.

2. Une ligne à pêcher est une petite ficelle de crin attachée au... d'un long bâton. — On n'est jamais sali que par la...

3. Les... de la voiture m'ont remué toutes les entrailles. — Nous vous souhaitons une vie heureuse dans ce... de misères et de peines qu'on appelle le monde.

4. Le Monsieur menaça les gamins de sa... — Cette... commence à conduire ses canetons à l'eau.

5. Ma besogne est aux trois.... achevée. — Et tous deux vous paierez l'amende..., toi, loup, tu te plains quoiqu'on ne t'aie rien pris.

6. Il faudra aller commander des harnais neufs chez notre... — Le vin se conserve longtemps dans mon...

7. Nous pêchions dans la... avec cette sorte de filet que l'on nomme... — La choucroûte est une nourriture fort... — La veille de sa passion, Notre-Seigneur Jésus-Christ fit la... avec ses disciples. — Le monde peut être comparé à un théâtre : il vaut mieux y être au parterre que sur la...

8. Les derniers... du domaine royal n'ont été mis en liberté que par Louis XVI. — Le... mis aux abois par la meute qui le poursuit verse des larmes abondantes.

9. La... du cheval est débitée maintenant à Paris comme viande de boucherie. — Il y a longtemps que nous faisons maigre... — Vous avez payé ce champ trop... — Nous vîmes monter en... l'un des plus célèbres prédicateurs de notre temps.

10. Le... est l'un des arbres qui mette le plus longtemps à grossir. — De lourdes... chargeaient les mains et les pieds du prisonnier.

Définitions.

1. CHAUD, qui renferme ou qui produit de la chaleur. — De la CHAUX, pour bâtir.

2. CHOEUR, troupe de musiciens qui chantent ensemble, partie d'une église. — CŒUR, organe de la circulation du sang, centre, milieu d'un objet.

3. CLAIE, ouvrage de vannerie. — La CLÉ ou CLEF d'une serrure.

4. Un temps CLAIR. — CLERC, employé d'avoué, ecclésiastique qui a reçu la tonsure.

5. La CIRE que produisent les abeilles. — SIRE, titre donné à un monarque.

6. COIN, angle, fer pour fendre le bois. — COING, fruit du cognassier.

7. COKE, résidu de la houille distillée. — COQ, oiseau de basse-cour, le cuisinier d'un vaisseau. — COQUE, d'un œuf, d'une noix, etc.

8. COMTE, titre de noblesse. — COMPTE, état de ce qui est dû. — CONTÉ, récit imaginaire.

9. COR, instrument de musique, sorte de durillon qui vient aux pieds. — CORPS, de l'homme, des animaux.

10. COTE, part d'impôt. — CÔTE, os de poitrine, bord de la mer. — COTTE, jupe de femme. — QUOTE, part, fraction d'un tout à partager.

11. COU, portion du corps qui réunit la tête au tronc. — COUP, contusion, blessure.

12. COUR d'une maison, entourage d'un prince, tribunal. — COURS d'un fleuve, — COURT, adjectif, opposé à long.

EXERCICE 125.

1. Eteindre de la... c'est la combiner avec de l'eau. — Il fait bien... cet été.

2. Un vieux dicton prétend qu'en réunissant le... de Beauvais, la nef d'Amiens, le portail de Reims et les clochers de Chartres, on composerait la plus belle église du monde. — Les méchants ont souvent le... rongé par l'envie.

3. Une... d'or ouvre bien des portes. — Autrefois les corps des suppliciés étaient traînés sur la...

4. Un loup quelque peu... prouva qu'il fallait sacrifier l'âne. — J'entendais un gai refrain chanté par une voix... et argentine.

5. La devise des fiers seigneurs de Coucy était : *Je ne suis Roi ne Duc, Prince ne Comte, aussi je suis le... de Coucy.* — Les bougies de.. pure répandent une bonne odeur.

6. J'aime beaucoup les confitures de... — Milon de Crotone ayant trouvé en se promenant dans une forêt une souche d'arbre dans laquelle on avait enfoncé des... qui y étaient demeurés, essaya de les dégager avec ses mains ; il y réussit en effet, mais les deux bords de la fente s'étant resserrés, les deux bras de Milon furent pris comme dans un piége, et ne pouvant s'échapper, il fut dévoré par les loups. — Savez-vous ce nom de l'arbre qui produit des... ?

7. Nous possédons dans notre basse-cour un magnifique... — Une guenon cueillit une noix dans sa... verte. — Le... se vend meilleur marché que la houille.

8. Nous avons réglé le... de notre boulanger. — J'ai pris beaucoup de plaisir à entendre le.... de Peau d'Ane. — Le... de *** est parti pour la chasse.

9. Les bois retentissaient du son du.... — Des méchants ont accusé les Allemands d'être de gros... sans esprit.

10. Dieu tira l'une des... d'Adam et il en forma la femme. — Ces paysannes portent de grosses... de laine. — Dans ce pique-nique, j'ai apporté ma... part. — J'ai payé ma... personnelle et ma... mobilière.

11. J'ai mal au... — Tu as reçu un... de pied de cheval.

12. Suivez le... de la rivière. — L'orateur s'est arrêté... au milieu de sa harangue. — La ... d'honneur du château était plantée de beaux arbres.

Définitions.

1. Le CRI de l'homme et des animaux. — CRIC, machine à soulever des fardeaux.

2. Le DAIS dont on se sert à l'église. — Le DÉ que les couturières ont au doigt. — Un DÉ à jouer. — DES, article composé. — DÈS, préposition. — Le DEY d'Alger.

3. DATE, époque. — DATTE, fruit d'une espèce de palmier.

4. DESSEIN, projet. — DESSIN à la plume, au crayon.

5. DON, cadeau. — DONT, pronom relatif. — DONC, conjonction. — DON, titre donné aux grands d'Espagne. — DOM, titre donné à certains religieux, particulièrement aux bénédictins.

6. ECHO, reproduction d'un son par l'effet de la réflexion. — ÉCOT, la part de chacun dans une dépense commune.

7. ERGO, conjonction, la même chose que *donc*. — L'ERGOT du coq, maladie qui attaque le seigle.

8. ETANG, pièce d'eau. — ÉTANT, participe présent du verbe *être*. — Il ÉTEND, 3e pers. ind. prés. du verbe *étendre*.

9. ÊTRE, verbe et substantif. — HÊTRE, arbre de nos forêts dont le fruit se nomme *faine*.

10. FAIM, besoin de manger. — FEINT, participe passé du verbe *feindre*. — FIN, extrémité, terme.

11. FAIT, action, événement. — FAIX, fardeau, charge.

EXERCICE 126.

1. Des... perçants jetaient l'alarme dans tout le voisinage. — Il faudra un fort... pour déplacer cette grosse pierre.

2. Les... en aluminium sont légers comme du liége. — On porte un... au-dessus du Saint-Sacrement. — Le coq chante... l'aube. — Voilà un heureux coup de... — ... voleurs se sont introduits dans notre appartement. — Le... d'Alger a été détrôné par les Français.

3. La... est un fruit pectoral. — Vous rappelez-vous la... de la mort de Louis XIV ?

4. Je n'approuve pas votre... — Ce... à la plume est d'un bel effet.

5. La personne... vous me parlez est morte depuis un an. — Allons... nous promener. — ... Juan d'Autriche remporta sur les Turcs la bataille de Lépante en 1571. — Charlemagne fit... de plusieurs terres à l'abbaye de Saint-Germain-des-Prés. — Le

bénédictin... Mabillon est un des plus savants hommes... la France s'honore.

6. Avez-vous payé votre... — Il y a des... qui reproduisent sept fois et même davantage un même son.

7. Ce coq est solide sur ses... — Or, voici mon dilemme : ... voici le vôtre.

8. La bonté de Dieu s'... sur toutes ses créatures. — Les beaux... de Comelles sont situés dans la forêt de Chantilly. — Le professeur... malade, il n'y aura pas de leçon.

9. L'... le plus indifférent ne peut se défendre d'une certaine émotion à la vue des beautés de la nature. — Tu t'es assis au pied d'un... touffu.

10. Ils ont... de ne pas nous reconnaître. — La.... chasse le loup hors du bois. — Nous serons bientôt à la... du volume.

11. Je lui dirai bien son... — Un pauvre bûcheron rapportant du bois de la forêt pliait sous le...

Définitions.

1. FAÎTE, partie supérieure d'un édifice. — Un jour de FÊTE.

2. La FOI chrétienne. — FOIE, organe qui produit la bile. — Une ou plusieurs FOIS. — FOIX, ville.

3. Le FOND d'un puits. — FONDS, somme d'argent, sol d'une terre. — Les FONTS baptismaux.

4. FORÊT, grand bois. — FORET, sorte de vrille pour percer les tonneaux.

5. FOR, la conscience. — FORS, prép. signifiant *hors, excepté*. — FORT, forteresse, citadelle. — FORT, adjectif, opposé à faible.

6. GRÉ, volonté, caprice. — GRÈS, pierre de nature siliceuse, poterie.

7. GUÈRE, adverbe. — GUERRE, lutte entre les peuples.

8. HALE, air sec et chaud. — HALLE, endroit où se tient le marché.

9. HÉRAUT, officier chargé des publications solennelles. — HÉROS, grand homme.

10. HOUE, instrument de labourage. — HOUX, arbrisseau à feuilles épineuses. — Le mois d'AOÛT. — OU, conjonction. — Où, adverbe.

11. JAIS, substance noire et polie. — Un JET d'eau. — GEAI, oiseau.

EXERCICE 127.

1. Ce pigeon s'est perché sur le... de l'église. — C'était la... du village.

2. Le sage pèche sept... par jour. — ... est le chef-lieu du département de l'Ariége. — Je veux vivre et mourir dans la... catholique. — J'aime les pâtés de... gras.

3. Prétextat, évêque de Rouen, tint Mérovée, fils de Chilpéric sur les... baptismaux. — Un astrologue se laissa choir au... d'un puits. — Il a placé sa fortune à... perdus.

4. Nous avons parcouru la.... de Rambouillet. — Les tonneliers sont toujours armés d'un...

5. Chacun, dans son... intérieur, déteste les mauvaises ac-

tions qu'il a pu commettre. — Nous sommes allés nous promener jusqu'au... de Bicêtre. — Tout est perdu,... l'honneur. — Les... de la halle portent de pesants fardeaux.

6. Nous traiterons cette affaire de... à... — Avez-vous vu les... de la forêt de Fontainebleau?

7. Est-ce donc une loi sur cette pauvre terre que toujours deux voisins auront entre eux la...? — Aimez-vous la discorde? Je ne l'aime...

8. Cette petite fille était toute brûlée par le... — La... au blé était bien approvisionnée.

9. Avant le tournois, les... d'armes annonçaient les conditions du combat. — Arrête-toi, voyageur, tu foules la cendre d'un...

10. Ce champ a été labouré à la... — Le mois d'... n'a pas été chaud. — ... allez-vous? — Votre père... le mien ira en Allemagne. — Une branche de... est l'emblème des marchands de vin.

11. On admire les... d'eau du parc de Versailles. — Les... peuvent imiter la parole humaine. — Voilà un beau collier de...

Définitions.

1. LA, article. — LA, note de musique. — LA, adverbe. — LACS, nœud coulant, piége. — LAS! interjection. — LAS, fatigué.

2. LAI, petit poëme. — LAI, synonyme de laïque. — LAID, opposé à beau. — LAIE, femelle du sanglier. — Le LAIT de la vache. — LES, article. — LÉ, largeur d'une étoffe. — LEGS, don fait par testament.

3. LIRE, verbe. — LYRE, instrument de musique.

4. La LIE du vin. — LIE (adj. féminin), gaie. — LIT où l'on se couche. — Le LIS des jardins.

5. LUT, enduit dont se servent les chimistes. — LUTH, instrument de musique. — LUTTE, combat.

6. MAI, mois, bouquet. — MAIS, conjonction. — METS, aliments.

7. MAIRE, le premier magistrat d'une commune. — MER, grand amas d'eau salée. — La MÈRE d'un enfant.

8. MAÎTRE, celui qui commande aux autres. — MÈTRE, unité des mesures de longueur. — METTRE, verbe.

9. MAL, maladie, etc. — MALE, qui appartient au genre masculin. — MAHL assemblée des anciens Franks. — MALLE, coffre.

10. MARC, poids. — MARC, du raisin. — Une MARE d'eau.

11. MARI, époux. — MARRI, fâché, en colère. — MARIE, nom de femme.

EXERCICE 128.

1. Ce diapason donne le... — Il est arrivé bien..., bien crotté de son voyage. — ...! où en sommes-nous? — Allez... — Il est tombé dans le... — J'attends... réponse.

2. Nous avons entendu chanter un... normand. — La... fouil-

lait au pied de l'arbre. — Le... n'est pas dans la nature. — Un petit frère... servait la messe. — ... hommes sont mortels. — Ce testament contient un... en faveur des pauvres. — Cette étoffe est large d'un... — Cette vache donne de bon...

3. La... d'Orphée charmait les hôtes des forêts. — Il ne faut ... que de bons livres.

4. Mon ... est bien dur. — Les... sont les plus belles fleurs des jardins. — Il a bu le calice jusqu'à la... — Les barons faisaient chère... dans leurs manoirs.

5. Il faut mettre du... au col de cette cornue. — Les athlètes se préparent à la... — Le troubadour accorda son...

6. ... voit s'épanouir les premières fleurs. — Les huîtres marinées sont un... exquis. — Vous dites oui;... moi je dis non.

7. Mon petit ami, votre... vous grondera. — Nous avons traversé la... — J'ai vu le... ceint de son écharpe.

8. Le... est la dix-millionième partie du quart du méridien. — Les écoliers doivent aimer leur... — Il ne faut pas... la charrue avant les bœufs.

9. Il est atteint d'un... incurable. — Les guerriers Franks étaient admis dans les... à l'âge de vingt ans. — Les douaniers ont ouvert nos... — Une... ardeur animait les guerriers.

10. L'enfant est tombé dans la... de la ferme. — Cette bague d'or pèse un... — Le... du raisin sert à faire de la piquette.

11. La femme d'un ivrogne n'ayant point apporté à boire à son..., celui-ci en fut fort..., et s'en plaignit à sa petite fille, qui s'appelait...

Définitions.

1. MORS, pièce de fer que l'on met dans la bouche des chevaux. — MORT, cessation de la vie. — MAURE, peuple habitant le nord de l'Afrique.
2. MOU, le contraire de dur. — MOUE, la mine que fait un enfant mécontent. — Le MOÛT du vin.
3. NI, conjonction. — NID d'oiseau.
4. NOM, substantif. — NON, adverbe.
5. OR, métal précieux. — OR, conjonction. — HORS, préposition.
6. OUI, affirmation. — Ouï, part. passé d'ouïr. — OUIE, sens de l'audition. — Les OUIES d'un poisson.
7. PAIN que l'on mange. — PIN, arbre.
8. PAIR, ancien dignitaire de France. — PAIRE, couple. — Le PÈRE d'un enfant.
9. PAL, pieu. — PALE, partie plate d'une rame. — PÂLE, adjectif, opposé de coloré.
10. PAN de mur, d'habit. — PAON, oiseau.
11. PAUSE, suspension momentanée. — POSE, attitude.

EXERCICE 129.

1. Tout ne finit pas à la... — Les derniers... furent chassés d'Espagne en 1492. — Votre cheval a pris le... aux dents.

2. Le... du vin déborde par-dessus la cuve. — Cet homme est d'un caractère... — Pourquoi faites-vous une si vilaine...

3. ... Paul... son frère ne dénichent les... d'oiseaux.

4. Voulez-vous me dire votre...? — ..., Monsieur.

5. ..., écoutez-moi. — ... de l'Église point de salut. — La vertu est plus précieuse que l'...

6. Cette personne a l'... dure. — Avez-vous... ce musicien? — L'ange dit à Tobie de prendre le poisson par les...

7. Les cônes des... brûlent avec une belle flamme. — La farine de froment fait de bon...

8. J'ai acheté une... de pigeons. — C'était un duc et... — Cet enfant a un bon...

9. Nous frappions l'eau avec la... de la rame. — Comme vous avez la figure...! — Le supplice du... était autrefois usité en Turquie.

10. Chez les anciens, le... était un oiseau consacré à Junon. — On vient d'abattre un... de mur.

11. Après une longue..., nous reprîmes notre route. — Cette statue a une belle...

Définitions.

1. La PEAU du corps. — POT, vase.

2. PÉCHEUR, qui commet des péchés. — PÊCHEUR, qui attrape du poisson.

3. PANSER, soigner un mal. — PENSER, songer.

4. PEINE, punition, souffrance morale. — PÊNE, pièce d'une serrure. — PENNE, longue plume de la queue des oiseaux.

5. PLAIN, uni, plat. — PLEIN, qui n'est pas vide, rempli.

6. PLAINTE, gémissement, expression du mécontentement que l'on éprouve. — PLINTHE, saillie qui règne le long des murs d'un appartement à une petite hauteur au-dessus du parquet.

7. PLAN, surface plane, représentation en petit d'un bâtiment, d'un terrain. — PLANT, jeune végétal récemment planté.

8. PIEU, morceau de bois pointu par un bout. — PIEUX, qui a de la piété.

9. POÊLE, voile que l'on tend sur la tête des époux pendant la cérémonie du mariage, drap mortuaire. — POÊLE à frire, appareil de chauffage. — Le POIL des animaux.

10. POIDS servant à peser. — POIS, légume. — POIX dont se servent les cordonniers pour cirer leur fil. — POUAH! interjection exprimant le dégoût.

11. POING, main fermée. — POINT, couture faite avec une aiguille, signe de ponctuation.

12. PORC, cochon. — PORE, très-petit trou dans un corps. — PORT, action de porter. — PORT de mer.

EXERCICE 130.

1. On fait les... de grès avec une argile mêlée de beaucoup de sable. — On fabrique le maroquin avec la... des chèvres et celle des agneaux.

2. La patience du... à la ligne est devenue proverbiale. — Dieu pardonne à tous les... qui se repentent.

3. Le bon Samaritain.... les plaies du blessé qu'il trouva sur la route de Jérusalem à Jéricho. — Le père... mourir de joie en revoyant son fils qu'il avait cru mort.

4. Il faut que les... soient proportionnées aux délits. — Les... du paon sont magnifiques. — Nous ne pouvions faire jouer le... de la serrure.

5. Le tonneau est encore à moitié... — On entre de... pied dans mon appartement.

6. Que peuvent faire vos... pour le soulagement de vos maux? — Il faudra mettre une... tout autour de cette chambre.

7. Cet horticulteur possède de beaux... de chêne. — On vient de lever le... de la ferme.

8. Il nous faut faire pénétrer ce... à une grande profondeur dans le sol. — Le duc de Bourgogne était un prince doux et...

9. L'éléphant fossile trouvé en Sibérie, sur les côtes de la mer Glaciale, avait le corps tout couvert de longs... — Poisson, mon bel ami, vous irez dans la... à frire. — Les coins du... étaient tenus par quatre personnes notables.

10. Je me sens soulagé d'un grand... — ...! quelle odeur infecte! — Nous aimons beaucoup les petits... — On obtient la... noire en faisant brûler des copeaux de pin.

11. Les deux adversaires se montrent le... — La cigogne trouva le dîner cuit à...

12. La peau du buffle est criblée de... — La viande du... s'accommode d'une infinité de manières. — Le navigateur est ravi d'atteindre le...

Définitions.

1. POUCE, doigt. — POUSSE, jet que produit un arbre chaque année.
2. PUIS (adverbe), ensuite. — PUITS, d'où l'on tire de l'eau. — La ville du PUY.
3. RAIE, ligne, poisson. — RAIS, rayon d'une roue. — RETS, filet.
4. RAISONNER, faire un raisonnement. — RÉSONNER, retentir.
5. RAINE, petite grenouille verte. — REINE, l'épouse d'un roi. — RÈNE, courroie aboutissant à la bride du cheval. — RENNE, animal des pays froids.
6. RI, part. pas. de rire. — RIS, le rire. — RIS, gorge du veau. — RIZ, plante.
7. RAUQUE, adjectif, se dit d'une voix rude et enrouée. — ROC, rocher. — SAINT-ROCH.
8. RHUM, liqueur. — La ville de ROME.
9. ROI, monarque. — ROUET, instrument pour filer.
10. ROUE d'une voiture. — ROUX, de couleur rousse.
11. RU, ruisseau. — RUE, chemin dans les villes, plante.
12. SAIN, non malade. — SAINT, qui est dans un état de sainteté. — SEIN, poitrine. — SEING, signature. — CEINT, dont le corps est entouré d'une ceinture.

EXERCICE 131.

1. Le... est le plus gros doigt de la main. — Les jeunes... du houblon se mangent à la façon des épinards.

2. Le renard et le bouc descendirent dans un... pour se désaltérer. — On commence par labourer la terre,... on l'ensemence.

3. Les grandes roues de voitures ont ordinairement quatorze... — La... est un très-bon poisson. — Les... ou filets sont composés de mailles que l'on fait une à une avec des aiguilles en acier ou en bois.

4. Le bruit du tonnerre... encore à mes oreilles. — Pour apprendre la géométrie, il faut... juste.

5. Les veuves des rois de France s'appelaient... blanches parce qu'elles portaient en habits blancs le deuil de leurs maris. — Les... ou rainettes sont des grenouilles vertes qui vivent sur les arbres. — Chez les Lapons, le... tient lieu du cheval, du bœuf et de la brebis. — Saisissez d'une main ferme les... de vos chevaux.

6. Les anciens représentaient les Grâces et les... voltigeant autour de Vénus, déesse de la beauté. — Le... de veau est un mets qui incommode certains estomacs. — Nous avons beaucoup... au récit de cette aventure. — Le... est la base de l'alimentation chez les Indous.

7. Dans les Alpes, la cime d'un grand nombre de... est inaccessible. — Une voix... est plus commune chez les hommes que chez les femmes. — St..., en revenant d'Italie à Montpellier, sa patrie, tomba tout à coup malade et fut forcé de s'arrêter dans un bois, où tant que dura son indisposition le chien d'un gentilhomme du voisinage lui apporta chaque jour à manger.

8. La ville de... est la capitale du monde chrétien. — Le meilleur... nous vient de la Jamaïque; c'est de l'eau-de-vie fabriquée avec de la mélasse.

9. Le... à filer est une des machines les plus anciennes, les plus simples et les plus ingénieuses qu'on ait imaginées. — Les... de France étaient sacrés à Reims.

10. Les différentes parties de la... d'une voiture sont : le moyeu, les jantes et les rais. — Nos écureuils ont le poil...

11. C'est en allongeant l'ancien mot français... que nous avons formé le mot ruisseau. — Je demeure dans la... de l'Église.

12. Dieu n'abandonne jamais ses... — Les épinards sont un aliment..., mais peu nourrissant.— C'est du... de la terre que nous arrachons les métaux. — Cet acte porte le... du roi. — Certains religieux sont... d'une grosse corde.

Définitions.

1. SALE, opposé à propre. — SALLE, pièce dans un logement.

2. SANG des animaux. — SANS, préposition. — SENS, de la vue. — CENS, dénombrement des citoyens, impôt. — Le nombre CENT.

3. SAUR, fumée. — SAURE, couleur d'un jaune brun. — SORT, condition d'un individu. — SORS, du verbe sortir.

4. SAUT, action de sauter. — SEAU à puiser de l'eau. — SCEAU, cachet. — La ville de SCEAUX. — SOT, imbécile.

5. SEL de cuisine. — SELLE pour monter à cheval. — Il SCELLE, du verbe sceller. — Il CÉLE, du verbe celer, cacher.

6. SEP, pièce de bois portant le soc d'une charrue. — CEP de vigne.

7. SEREIN, clair, tranquille. — SERIN, oiseau originaire des îles Canaries.

8. SIGNE, signal. — CYGNE, oiseau aquatique.

9. SOC de charrue. — SOQUE, chaussure.

10. SOI, pronom réfléchi. — SOIE, produit du ver à soie. — SOIT, interjection. — SOIT, du verbe être.

11. SOL, terre, note de musique. — SOLE, poisson.

12. SOU, pièce de monnaie. — SOÛL, rassasié à l'excès. — SOUS, préposition.

EXERCICE 132.

1. Nous avons vu un mendiant... et déguenillé. — Le repas fut servi dans la... d'honneur.

2. ... la vertu, point de véritable amitié. — Le... des animaux se compose d'un liquide jaunâtre appelé sérum et de petits corps ronds dits globules qui nagent dans ce liquide. — L'homme possède cinq... : le toucher, la vue, l'ouïe, le goût et l'odorat. — Sait-il bien ce que c'est que cinq... écus? — Le... électoral est aboli en France depuis le fonctionnement du suffrage universel.

3. Les plus beaux harengs... nous viennent de la Hollande. — L'esclavage est le... le plus funeste qu'il y ait sur terre. — On appelle cheval... celui qui a une robe jaune-brun. — ... de chez moi.

4. La ville de... possédait un marché considérable de bestiaux. — On donne souvent le nom de... à la chute d'une rivière. — On enterrait les anciens Francs avec les... dont ils s'étaient servis pour puiser de l'eau. — Le... de l'État a été apposé sur cet acte. — Un... trouve toujours un plus... qui l'admire.

5. J'ai acheté un bon cheval de... — Le... marin vient de la mer; le... gemme vient de mines situées dans le sein de la terre. — C'est une erreur de croire que l'on... solidement le fer dans la pierre avec du soufre fondu. — Il... la vérité.

6. Les champs de Rome payèrent les exploits de Brennus : il en rapporta un... de vigne. — Les principales parties d'une charrue sont le..., le soc, l'âge ou la flèche, le manche, l'oreille ou versoir, le coutre et l'avant-train.

7. Les abeilles essaiment par un temps clair et... — Les... égayent la maison par leurs chants.

8. Les anciens attribuaient faussement au... un chant mélodieux. — Il faut savoir les noms des douze... du zodiaque.

9. Mettez vos... quand il fait de la boue. — Il existe des charrues à plusieurs...

10. Lyon fabrique beaucoup d'étoffes de... — L'égoïste ne vit que pour... — Que votre volonté... faite. — Eh bien,...!

11. Il y a trois principales espèces de... : les... argileux, les... calcaires, et les... sablonneux. — J'aime bien une... au gratin.

12. On est bien vite... de gloire. — On comptait autrefois par livres,... et deniers. — Les cloches de plongeurs permettent de respirer... l'eau.

Définitions.

1. STATUE de marbre, de pierre, de bois, etc. — STATUT, loi, règlement.
2. SUR, préposition. — SÛR, certain, qui a un goût acide.
3. TAN, écorce de chêne réduite en poudre. — TANT, adverbe. — TEMPS, partie de la durée.
4. TAIE, enveloppe d'un oreiller, tache blanche à l'œil. — TÊT, crâne, tesson.
5. TAIN, matière composée d'étain et de vif-argent qui recouvre la face postérieure d'une glace. — TEINT, carnation du visage. — TEINT, part. passé de *teindre*. — THYM, plante de la famille des labiées.
6. TANTE, sœur du père ou de la mère. — TENTE, habitation temporaire, le plus ordinairement en toile.
7. TAON, grosse mouche. — THON, poisson. — TON musical. — TON, adj. possessif.
8. TAUX de l'intérêt. — TÔT, de bonne heure.
9. Il TORD, du verbe *tordre*. — TORE, moulure. — TORS, tordu. — TORT, dommage.
10. TOUE, sorte de bateau. — TOUT, adj. indéfini. — TOUX de la poitrine.
11. VAIN, inutile. — VIN, liqueur alcoolique. — Le nombre VINGT.
12. VAN à nettoyer le blé. — VENT, air en mouvement.

EXERCICE 135.

1. On dit d'une personne apathique : c'est une... — Tout chevalier du Saint-Esprit jurait d'observer les... de l'ordre.

2. Jurez-le... l'honneur. — Je suis... de ce que j'avance.

3. ... va la cruche à l'eau qu'à la fin elle se casse. — Il existe dans le village plusieurs moulins à... — Ne gaspillons pas notre...

4. Les chimistes appellent... un petit godet de terre sur lequel ils placent l'éprouvette qu'ils veulent remplir de gaz. — Il vient quelquefois des... sur l'œil.

5. Un... rose est l'indice d'une bonne santé. — Le... de cette glace est en partie enlevé. — Les lapins se plaisent à brouter le...

6. Les soldats reposaient sous leurs... — Ma... m'a fait un beau cadeau.

7. Quelquefois on vend de petites tranches de veau pour du...
mariné. — J'ai été piqué d'un... — Baissons d'un...

8. Le... légal de l'intérêt est de cinq pour cent par an. — On
ne saurait prendre trop... de bonnes habitudes.

9. On... le chanvre pour en faire des cordes. — Apprenez à
tracer un... — Le baldaquin qui surmonte le maître-autel de
Saint-Pierre de Rome, est soutenu par des colonnes... — Ne
faites point de... à votre prochain.

10. ... les jours la... passe sous ce pont. — J'ai eu un vio-
lent accès de...

11. Les meilleurs... de la France et du monde entier sont
le... de Bordeaux et le... de Bourgogne. — C'est en... que
vous tentez cette entreprise. — Avez-vous visité l'hospice des
quinze...?

12. Il fait un... froid. — Prenez un... pour nettoyer ce
grain.

Définitions.

1. VER de terre. — VERRE à boire. — VERT, couleur. — VERS, opposé à prose.
VERS, préposition.
2. VICE, défaut. — VIS, servant à visser.
3. VOIE, chemin. — La VOIX humaine. — VOIS, du verbe *voir*.
4. SATIRE, critique. — SATYRE, divinité fabuleuse ayant le visage d'un homme
et les pieds d'un bouc.
5. TRIBU, réunion de plusieurs familles de même race. — TRIBUT, impôt.
6. TROP, adverbe. — TROT du cheval.

EXERCICE 154.

1. Remplissez mon... — Que suis-je? Un misérable... de
terre. — Voilà des bestiaux que l'on a mis au... — Monsieur
Jourdain apprit à distinguer la prose d'avec les...

2. Il faut serrer davantage en donnant un nouveau tour de...
— L'oisiveté est la mère de tous les...

3. J'y ... trouble. — Suivez la bonne... — Il a une belle...
de ténor.

4. Les... étaient des divinités champêtres. — Avez-vous lu la
mordante... des travers de notre temps?

5. Il y avait douze... en Israël. — Les Juifs payaient le... à
César.

6. Le... de votre cheval est fort doux. — Il m'a causé... de
chagrin.

NARRATIONS. — CANEVAS.

Observation importante.

Un jeune homme qui sait écrire sans faire de fautes d'orthographe, a déjà fait un grand progrès : ce résultat, nous l'avons promis, en tête de ce livre, à tout élève qui saura faire nos Exercices. Toutefois, au-dessus de l'orthographe se place le style, c'est-à-dire la manière de s'exprimer dans la conversation, dans une lettre, dans un écrit quelconque. Cette connaissance s'acquiert facilement, il suffit de quelques lectures attentives et de quelques devoirs spéciaux : ce sont ceux que nous allons présenter.

Les quelques mots que nous donnons sous le nom de *canevas* sont le résumé de la narration, ce sont les faits principaux, autour desquels devront se grouper des agréments, de petits détails, des réflexions, que l'élève cherchera dans son esprit. Pour trouver ces développements, la meilleure méthode est de se transporter en esprit au lieu de l'événement, de se croire soi-même mêlé à l'action, et de voir les faits comme s'ils existaient réellement, ou si l'on était le héros de l'aventure. Puis on se demande que ferais-je, que dirais-je, que penserais-je, si j'étais dans ce même cas ? et l'on écrit ce que l'on ferait, ce que l'on dirait, ce que l'on penserait. — Là est tout le secret d'un bon exercice de style. — On doit écrire en toute liberté d'esprit, avec simplicité, avec naturel, en un mot, comme l'on fait dans la conversation.

Voici le procédé qui nous a toujours semblé le meilleur. — Le maître fait copier le canevas, et le fait lire à haute voix ; puis il lit lui-même à haute voix le développement de ce même canevas, qu'il trouvera dans le livre du maître, et il y fait les observations qu'il croit utiles. — L'élève ainsi guidé et éclairé, travaillera avec plus de sûreté, d'agrément et de succès.

I. LE TONNEAU (*Légende*).

A Strasbourg vivait un nommé Rudulfe, tonnelier. La rudesse et l'avarice étouffaient en lui tout sentiment, et quoique riche, il ne cessait d'exercer son état.

Un jour qu'il travaillait devant son chantier, passe une femme en haillons, jeune encore, pâle et les pieds meurtris. Elle s'arrête devant Rudulfe et lui demande un verre d'eau. « La rivière est là-bas, » répond Rudulfe. La femme le supplie de faire apporter de l'eau par un ouvrier ; mais Rudulfe refuse en termes grossiers. La femme indignée et qui a le pouvoir de châtier Rudulfe, condamne ce misérable à remplir d'eau le tonneau qu'il achève, et elle disparaît aussitôt.

Poussé par une force irrésistible, Rudulfe prend le tonneau sur ses épaules et va le plonger dans le Rhin ; mais, à son grand effroi, il le retire vide... Il le replonge de nouveau, vaine tentative... Il cherche d'autres rivières sans être plus heureux, le tonneau reste toujours sec.....

Rudulfe se repent alors de sa conduite. Il implore le pardon de la divinité, et promet de secourir désormais les malheureux. Il laisse couler une larme qui remplit le tonneau.

II. LE VIOLON DE PAGANINI[1].

Paganini, encore très-jeune, s'était acquis une grande réputation comme violoniste. Il avait déjà des rivaux et des curieux. Un jour qu'il devait se faire entendre dans une assemblée d'élite, l'un d'eux

1. *Paganini*, célèbre violoniste italien, né en 1784, mort en 1840.

réussit à couper, avant la séance, trois cordes du violon de Paganini, espérant que ce dernier, troublé par cet incident, ne déploierait pas son talent accoutumé. Consternation de Paganini quand il s'aperçoit de la chose. Néanmoins, il joue comme d'habitude, il se surpasse même et recueille les bravos de toute la salle. A la fin, l'envieux s'approche et s'écrie, après avoir examiné le violon du virtuose : Malédiction ! il a joué sur une seule corde !
Conclusion morale.

III. LE TRÈFLE D'EAU.

La petite Amélie, par une belle après-midi de printemps, se promenait avec sa mère dans la campagne. Au moment où elle traversait une prairie, et y cueillait les fleurs qui s'offraient à sa vue, elle aperçut tout à coup dans un fossé une fleur d'un blanc rosé et d'une magnificence inouïe. Ses pétales semblaient être la réunion d'une infinité de petits flocons comparables à ceux de la neige. L'enfant fut enchantée, et courut s'emparer de la plante qui n'était autre que le trèfle d'eau. Quand elle l'eut, son admiration redoubla ; puis elle porta la superbe fleur à son nez. Premier désenchantement, point d'odeur !... Amélie se plaint de ce qu'il manque quelque chose aux perfections de ce qu'elle admire. Ensuite, elle porte une feuille à sa bouche et la mâche. Nouveau désenchantement, elle ressent une amertume extrême. Elle se plaint une seconde fois. Réponse de la mère. Elle déclare à sa fille que l'homme n'a pas le droit d'être si exigeant, qu'il doit remercier Dieu des beautés qu'il a répandues à profusion sur les végétaux, et des propriétés salutaires dont il les a doués. Cette amertume, qui mécontente Amélie, fait de la plante un précieux médicament.

IV. LE COMTE CRUEL (*Légende*).

Au moyen âge vivait sur les bords du Rhin, un seigneur redouté et haï à plus de dix lieues à la ronde pour sa cruauté et son impiété. Un dimanche, jour consacré au Seigneur, il partit pour la chasse en dépit des représentations de ses gens. Il lança un cerf qu'il poursuivit à travers de riches moissons et sur des coteaux couverts de vignobles. Le seigneur et sa suite dévastèrent toutes ces richesses, méprisant les observations respectueuses des paysans. Le cerf s'était réfugié dans la cabane d'un pauvre vieillard, qui pria le chasseur d'épargner l'animal. Pour toute réponse, le chasseur fit incendier la cabane et poussa son cheval sur le vieillard. A ce moment, un bruit terrible se fit entendre, la terre trembla, et le féroce comte fut précipité dans un abîme qui s'ouvrit sous ses pas.

V. LES ÉTOILES D'ARGENT (*Légende*).

Il y avait une fois une malheureuse petite fille dont les parents venaient de mourir. Se trouvant sans gîte, elle errait à l'aventure dans les champs, ne possédant que les habits qui la couvraient, et un morceau de pain qu'on lui avait donné par charité. Elle donna successivement son morceau de pain à un pauvre qui le lui demanda, son bonnet à un premier enfant qui se plaignait du froid, et sa robe à un second. Comme elle était à l'entrée d'un bois, et qu'il faisait nuit, elle pensa qu'elle pourrait dormir sur un tas de feuilles. Soudain, il tomba du ciel une pluie d'étoiles ; c'étaient autant de pièces d'argent. En même temps, l'orpheline se vit vêtue d'une magnifique robe, du fil le plus fin. Elle l'emplit des pièces qui étaient tombées, et se trouva riche pour toute sa vie.

Conclusion morale.

VI. LA BAGUE DE DIAMANTS.

Un marchand, nommé Guillaume, revenait dans sa patrie, après s'être enrichi dans les colonies à force de travail et de peine. En débarquant, il apprit que ses parents allaient se réunir pour un dîner de famille dans une maison de campagne, voisine du port. Impatient de les revoir, il y courut sans changer de vêtements, comptant que l'on serait bien aise de son arrivée. La compagnie l'accueille froidement. Un nègre qu'il avait ramené avec lui, lui dit à l'oreille : Ce sont de méchantes gens, puisqu'ils ne se réjouissent point du retour d'un des leurs. — Cela va bientôt changer, répliqua le marchand, et il passa à son doigt une bague enrichie de diamants. Tous les visages s'épanouirent, on se rapprocha du voyageur : l'un lui serrait la main, l'autre le pressait dans ses bras, un troisième le suppliait de venir habiter chez lui. — La bague a-t-elle le don de fasciner les gens? demandait le nègre étonné. — Ce n'est pas elle, répliqua le marchand, c'est ma fortune dont elle est l'indice. — O les misérables, s'écria le nègre, c'est l'avarice qui les séduit, ils aiment mieux un monceau d'or, un caillou transparent que mon maître si noble et si bon !

Réflexions.

VII. LE RUISSEAU (*Allégorie*).

Un villageois assis tristement au bord d'un ruisseau qui coulait à l'extrémité de son pré, déplorait la chétive récolte qu'il en avait obtenue. Survint un voisin : Faites comme moi, dit-il à l'infortuné, détournez le ruisseau à travers votre prairie, afin qu'il la fertilise. L'autre se mit à l'œuvre ; mais le ruisseau inonda le pré et en couvrit la surface de sable et de gravier sans y laisser son limon réparateur. Le paysan courut faire des reproches à son voisin. — Mon conseil était bon, répliqua celui-ci, mais il a été mal exécuté ; il fallait dériver l'eau au moyen de petites rigoles et non par des tranchées profondes. Vous avez transformé le ruisseau en torrent.

En toutes choses, la mesure, la modération, la réflexion sont d'un prix inestimable.

VIII. VESINS ET REGNIER. (*Historique.*)

Au seizième siècle, deux jeunes nobles du Quercy, Vesins et

Regnier, partageant les haines séculaires de leurs familles, étaient ennemis jurés. Vesins était catholique, Regnier protestant. Arrive la Saint-Barthélemy. La nuit, Vesins, suivi d'une troupe de soldats, se présente chez Regnier et lui ordonne de le suivre. Celui-ci croit que sa dernière heure est venue. Vesins, accompagné de son escorte, emmène Regnier jusqu'au fond du Quercy, le protégeant contre tous les dangers, et le rend à sa famille. Vesins et Regnier deviennent amis intimes, et les deux familles se réconcilient.

IX. LA BRANCHE DE SUREAU.

Un chasseur emmenait toujours avec lui son jeune fils quand il allait à la chasse. Un jour, ils se trouvaient séparés l'un de l'autre par un ruisseau. L'enfant voulant rejoindre son père, coupa une branche dans un buisson, la plaça verticalement dans l'eau et la saisit pour s'élancer; mais la branche cassa et le jeune homme tomba à l'eau. Comme il savait nager, il fut bientôt hors de danger. Ayant été témoin de l'accident, un berger accourut d'un champ voisin, mais, voyant son secours inutile : « Vous avez appris beaucoup de choses à votre fils, dit-il au chasseur, cependant vous en avez oublié une bien essentielle. Vous ne lui avez pas enseigné à scruter l'intérieur des objets. Ignorait-il la composition de la tige du sureau ? » — L'expérience venant compléter ses connaissances acquises, repartit le chasseur, il aura appris assez tôt à se défier dans une juste mesure.

X. L'ENFANT ET LE SERPENT (*Fable*).

Un enfant jouant avec un serpent apprivoisé, lui disait : « Je ne serais pas si familier avec toi, si l'on ne t'avait enlevé ton venin, car vous êtes de méchantes créatures. On raconte qu'un pauvre paysan qui avait rapporté chez lui, pour le réchauffer, un serpent à moitié gelé, fut piqué par cette bête et en mourut. — Vos historiens ne sont pas véridiques, répondit le serpent ; les nôtres disent qu'il s'agissait d'un serpent multicolore, que le paysan emportait pour le dépouiller. Était-ce bien humain ? — Tais-toi, répliqua l'enfant, à ce compte, tout ingrat trouverait une excuse. — A merveille, mon fils, dit le père qui avait tout entendu, l'ingratitude est un vice si odieux que quand on en accuse un homme devant toi, tu dois ne croire à l'accusation qu'à bon escient. Les vrais bienfaiteurs ne trouvent jamais d'ingrats. Ceux-là seuls en rencontrent qui cachent leur égoïsme sous le masque de la générosité.

XI. UN TRÉSOR DANS LE BOIS.

Le petit Ambroise étant allé voir sa grand'mère, qui habitait un village voisin, celle-ci lui fit cadeau d'une belle corbeille de pommes.

Ambroise lui adressa ses remerciments.

Comme il revenait le soir chez ses parents, il vit en traversant un bois quelque chose qui brillait par terre. Il crut que c'était de l'argent.., Vite, il jeta ses pommes, et remplit sa corbeille de la substance brillante.

Le lendemain matin, il vit qu'il n'avait ramassé que quelques morceaux de bois pourri, car le bois pourri devient quelquefois lumineux dans l'obscurité.

Ambroise retourna à ses pommes, mais les sangliers les avaient dévorées.

Conclusion morale.

XII. LE MENTEUR.

Le berger Jean, voulant un jour s'égayer aux dépens des paysans du voisinage, se mit à crier *au loup*! sans nécessité.

Les paysans accoururent avec des armes que vous énumérerez, et ne voyant rien, s'en retournèrent tout honteux.

Jean renouvela sa plaisanterie ; il vint moins de monde que la première fois.

Enfin, le loup se jeta réellement sur son troupeau. Jean appela au secours; mais personne ne se dérangea.

Le loup commit d'affreux ravages parmi les brebis de Jean.

Conclusion morale.

XIII. LE POMMIER DE ST-VALERY-EN-CAUX. (*Historique.*)

La fleur des pommiers ordinaires se compose 1° d'une enveloppe verte appelée *calice* qui forme l'enveloppe du bouton, 2° d'une *corolle* de cinq pièces d'un blanc rosé, appelées *pétales*, 3° de vingt *étamines;* ce sont de petites baguettes supportant un petit sac, dans lequel il y a une poussière jaune, indispensable pour la formation du fruit. Cette poussière se nomme *pollen.* Enfin, au centre de la fleur, se trouvent cinq colonnes ou *styles*, par où le pollen doit entrer pour aller féconder les graines.

Tout cela expliqué, vous direz qu'à St-Valery-en-Caux (Normandie) il existe un pommier dont les fleurs n'ont pas d'étamines.

Voyant que ce pommier ne donnait jamais de fruits, son propriétaire allait l'abattre, quand, sur le conseil d'un médecin botaniste, il secoua sur les fleurs de son pommier phénoménal le pollen des fleurs des pommiers ordinaires.

Le pommier rapporta des fruits cette année même.

Depuis ce temps, chaque année, au moment de la floraison, les dames de St-Valery vont solennellement féconder l'intéressant pommier. Chacune attache un ruban d'une couleur déterminée aux fleurs où elle a mis du pollen. Cela s'appelle dans le pays *faire sa pomme.* Comme le pollen a été pris sur différents arbres, il en résulte que le pommier de St-Valery est chargé de différentes sortes de pommes.

XIV. LE CHANT DU COUCOU.

Deux laboureurs, le vieux Bertrand et son jeune voisin Paul, se promenaient ensemble dans la campagne. Ils entendirent chanter le coucou. Paul demanda pourquoi ce chant (vous le caractériserez) était toujours écouté avec plaisir.

C'est à cause de la saison où il se produit, répondit Bertrand qui se mit à décrire le printemps. (Décrivez-le aussi.) Celui qui apporte une bonne nouvelle est toujours bien reçu.

Là-dessus, Paul fit la critique du coucou, et pria son voisin de lui dire ce que cet oiseau devenait pendant l'hiver.

On m'a assuré, répliqua Bertrand, qu'il se change en milan. Mais les savants nient cette transformation. S'il se changeait véritablement en milan, il ressemblerait à un jeune homme de ma connaissance qui était très-paresseux et qui s'est fait voleur.

Sans aucun doute, ce jeune homme finira aussi mal que le milan que j'ai tué, et dont j'ai cloué le corps à ma porte.

XV. LES PÊCHES.

Vous raconterez qu'un laboureur d'un pays très-arriéré étant allé à la ville, en rapporta cinq pêches qu'il distribua entre sa femme et ses quatre enfants.

Le lendemain, il interrogea ses enfants pour savoir ce que chacun d'eux avait fait de sa pêche.

L'aîné avait mangé la sienne, et en avait gardé le noyau pour le planter.

Le plus jeune avait aussi mangé sa pêche, mais avait jeté le noyau.

Le troisième avait ramassé le noyau jeté par son petit frère et en avait mangé l'amande. Quant à sa propre pêche, il l'avait vendue pour en acheter plusieurs avec l'argent, quand il irait à la ville.

Enfin le quatrième fils avait fait cadeau de sa pêche à l'enfant du voisin qui était malade.

Le père adressa à chacun de ses enfants des paroles en rapport avec leur conduite dans cette circonstance.

Vous imaginerez ces paroles et vous louerez beaucoup le quatrième fils.

LETTRES.

XVI. UN FILS A SES PARENTS.

A l'occasion du premier janvier, un enfant écrit de sa pension à son père et à sa mère.

Après les compliments d'usage, il les remercie des sacrifices qu'ils s'imposent pour son instruction.

Il promet de les en récompenser en redoublant d'ardeur dans ses études, et déclare qu'il ne désire rien tant que d'être en âge de travailler à son tour pour procurer à ses parents un repos dont ils ont tant besoin.

Il entre dans quelques détails au sujet de ses études, et termine en formant des vœux pour la santé et le bonheur de ceux à qui il doit le jour.

XVII. UN ONCLE A SON NEVEU.

Un oncle écrit à son neveu qu'il a reçu des nouvelles de lui par son maître de pension. Ce dernier se déclare peu satisfait de la conduite et du travail du jeune homme. L'oncle dit qu'il est très-peiné de ce qu'on lui annonce. Il conjure son neveu de revenir à de meilleurs sentiments et de faire tous ses efforts pour se concilier l'estime de ses maîtres, et regagner le temps perdu.

L'oncle termine en faisant remarquer à son neveu que c'est agir contre ses propres intérêts que de se conduire comme il l'a fait depuis trop longtemps.

XVIII. UN JEUNE ENFANT A SON AMI.

Ludovic écrit à son ami Charles pour l'inviter à venir passer quelque temps avec lui à la campagne. Il lui promet des distractions de toutes sortes. Il a organisé d'avance une partie de pêche et une promenade en bateau. On explorera les environs qui présentent des sites agréables et des ruines pittoresques.

On fera dans la forêt voisine une excursion qui sera terminée par un dîner champêtre. Ludovic espère que les parents de Charles consentiront à cette demande, et qu'ils saisiront cette occasion pour récompenser leur fils d'avoir bien travaillé pendant toute la durée de l'année scolaire.

D'ailleurs Charles, tout en s'amusant, trouvera encore le moyen de s'instruire. Il y aura donc pour lui double profit à se rendre à l'invitation qu'on lui adresse.

XIX. UN FILLEUL A SON PARRAIN.

Un filleul écrit à son parrain pour lui souhaiter sa fête. Il profite de cette circonstance pour remercier celui-ci de ses bontés à son égard, et il l'assure qu'il peut compter d'une manière absolue sur le dévouement de son filleul.

Il poursuit en disant que ses parents seraient charmés de voir son parrain venir passer quelques jours au milieu d'eux. Si même il désirait s'y fixer, ceux-ci seraient au comble de leurs vœux. Il y a tout près d'eux une maison à vendre, laquelle conviendrait parfaitement à son parrain. Le filleul fait la description de la maison, et termine par les compliments d'usage.

XX. UN ENFANT A SON AMI.

Le jeune Alphonse prévient son ami Théodore qu'il va faire prochainement sa première communion. Il lui peint les sentiments qui l'animent à l'approche de ce beau jour et l'engage à prier pour lui.

Il ajoute qu'il s'estimerait heureux si Théodore pouvait assister à cette solennité et communier à son intention.

LOCUTIONS VICIEUSES LES PLUS FRÉQUENTES.

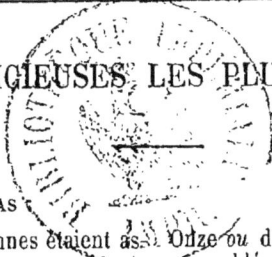

NE DITES PAS :	DITES :
A. Onze à douze personnes étaient assemblées...............	Onze ou douze personnes étaient assemblées.
Cet homme est toujours à rien faire.	Cet homme est toujours sans rien faire.
La maison à Pierre...............	La maison de Pierre.
A bonne heure. Partez à bonne heure.	Partez de bonne heure.
Abimer. Mes enfants, n'abimez pas vos livres de classe...............	Mes enfants, ayez soin de vos livres de classe.
Acabit (cet homme est d'une bonne)...	Cet homme est d'un bon acabit.
Acculer ses bottes...............	Éculer ses bottes.
Agir. Cette personne en agit mal avec votre père....................	Cette personne agit mal avec votre père.
Ajamber.......................	Enjamber.
Aigledon......................	Edredon.
Allé. Ma sœur s'est en allée........	Ma sœur s'en est allée.
Allumez la lumière...............	Allumez la lampe, la bougie, la chandelle, le gaz.
Amelette.......................	Omelette.
Amadou. De la bonne amadou........	De bon amadou.
Ambe. Ce cheval va l'ambe........	Ce cheval va l'amble.
Andiers.......................	Landiers. On appelle ainsi de gros chenêts.
Angoises......................	Angoisses.
Augences......................	Agences.
Angola. Je possède de jolies chèvres angola.....................	Je possède de jolies chèvres angora.
Antipotes. Nous sommes les antipotes l'un de l'autre...............	Nous sommes les antipodes l'un de l'autre.
Apparution....................	Apparition.
Apprentif. J'ai pris hier un apprentif......................	J'ai pris hier un apprenti.
L'Arche-de-triomphe de l'Etoile a été construite sous Louis-Philippe....	L'arc-de-triomphe de l'Etoile a été construit sous Louis-Philippe.
Aréchal. Le fil d'aréchal n'est pas autre chose que du fil de laiton.....	Le fil d'archal n'est pas autre chose que du fil de laiton.
Aréonaute.....................	Aéronaute.
Argoteur......................	Ergoteur.
Arties.......................	Orties.
Astérique.....................	Astérisque.
Auparavant de vous quitter, je vous ferai une confidence............	Avant de vous quitter, je vous ferai une confidence.
Avan-zier	Avant-hier.
Bailler aux corneilles............	Bayer aux corneilles.
Beaucoup. J'ai beaucoup mal à la tête.	J'ai bien mal à la tête.
Le jeu de berlan................	Le jeu de brelan.
Bouillu.......................	Bouilli.

NE DITES PAS	DITES:
Bien. Cette pluie fera *bien du bien*...	Cette pluie fera beaucoup de bien.
Belzamine.....................	Balsamine.
Bileux	Bilieux.
Je *bisque*....................	Je *peste*, j'*enrage*.
Boulie	*Bouillie*.
Je l'ai saisi à *brasse-corps*..........	Je l'ai saisi à *bras-le-corps*.
Il *brouillasse*.................	Il *bruine*.
C'est une *bûche de bois*..........	C'est une *bûche*.
Caneçon....................	*Caleçon*.
Casterole...................	*Casserole*.
Castonnade..................	*Cassonade*.
Cataplasse.................	*Cataplasme*.
La faïence est *casuelle*..........	La faïence est *fragile, cassante*.
Fièvre *célébrale*	Fièvre *cérébrale*.
Centaure. Une voix de *Centaure*......	Une voix de *stentor*.
Chaircuitier.................	Charcutier.
Collidor....................	*Corridor*.
Conséquent. C'est une affaire *conséquente*.....................	C'est une affaire *importante*.
Corporence..................	*Corpulence*.
Cravate. J'ai acheté *un beau* cravate.	J'ai acheté *une belle* cravate.
Crenane. Poire de *Crenane*.	Poire de *Crassane*.
Croche-pied. Aller à *croche-pied*.....	Aller à *cloche-pied*.
Descendre en bas...............	*Descendre*.
Décesser. Il ne *décesse* de crier.....	Il ne *cesse* de crier.
Décommander.................	*Contremander*.
Déhonté	*Ehonté*.
Dépersuader.................	*Dissuader*.
Dernier adieu...............	*Denier à Dieu*.
Désagrafer.................	*Dégrafer*.
Dinde. J'ai acheté *un dinde*.......	J'ai acheté *une* dinde.
Donnez-moi-z-en...............	*Donnez-m'en*.
Emboutonner.................	*Boutonner*.
Embrouillamini..............	*Brouillamini*.
Echigner	*Echiner*.
Echarpe. S'enfoncer une *écharpe* dans le doigt.	S'enfoncer une *écharde*.
Eduqué....................	*Elevé*.
Elexir	*Elixir*.
Enflammation	*Inflammation*.
Estatue....................	*Statue*.
Estation...................	*Station*.
Eviter. Je vous ai *évité* bien des tracas.	Je vous ai *épargné* bien des tracas.
Flanquette. A la bonne *flanquette*....	A la bonne *franquette*.
Fringalle..................	*Faim-valle*.
Fortuné (homme)...............	Homme *riche*.
Geai. (Noir comme un *geai*)........	Noir comme du *jais*.
Gigier d'un canard..............	*Gésier* d'un canard.
Grand'maire.................	*Grammaire*.
Hémorragie de sang.............	*Hémorragie*.
Jeu d'eau...................	*Jet* d'eau.
Kérielle...................	*Kyrielle*.
Lévier de cuisine.............	*Evier* de cuisine.
Linceuil...................	*Linceul*.
Linteaux (serviettes à)..........	Serviettes à *liteaux*.

NE DITES PAS :	DITES :
Liqueureux......................	Liquoreux.
Maircrie.....................	Mairie.
Matéraux......................	Matériaux.
Mialer.......................	Miauler.
Mégard (par)..................	Par mégarde.
Marronner....................	Marmonner.
Mars en carême................	Marée en Carême.
Midi précises..................	Midi précis.
Mis sergent...................	Messire Jean.
Noix. Donne-moi un noix..........	Donne-moi une noix.
Observer. Je vous observe que.......	Je vous fais observer que.
Pain enchanté.................	Pain à chanter.
Palfermier....................	Palfrenier.
Pantomine....................	Pantomime.
Pantoufe.....................	Pantoufle.
Paroi (un)....................	Une paroi.
Rancuneux....................	Rancunier.
Rue passagère.................	Rue fréquentée.
Patenôte.....................	Patenôtre.
Pécunier.....................	Pécuniaire.
Un petit peu...................	Très-peu.
Tant pire.....................	Tant pis.
Plurier.......................	Pluriel.
Plurésie.....................	Pleurésie.
Pomonique ou poumonique...........	Pulmonique.
Porichinelle..................	Polichinelle.
Poturon......................	Potiron.
Pourrite.....................	Pourrie.
Prétexe.....................	Prétexte.
Quinconge...................	Quinconce.
Rayer un cahier.................	Régler un cahier.
Raiguiser....................	Aiguiser.
Rébarbaratif..................	Rébarbatif.
Reine-Glaude (prune de)..........	Reine-Claude.
Resserre Les resserres sont des bâti-ments où l'on cultive les plantes des pays chauds..................	Les serres sont des bâtiments où l'on cultive les plantes des pays chauds.
Rebours (à la)................	Au rebours ou à rebours.
Rester. Lorsque je vais à Paris, je reste hôtel du Lion.................	Lorsque je vais à Paris, je loge hôtel du Lion.
Revange.....................	Revanche.
Rimoulade...................	Remoulade ou rémolade.
Sableux. Si vous allez dans la forêt, ne prenez pas le chemin sableux....	Si vous allez dans la forêt, ne prenez pas le chemin sablonneux.
Saigner au nez.................	Saigner du nez.
Sache.......................	Sac.
Sciau. Allez chercher un sciau d'eau.	Allez chercher un seau d'eau.
Secoupe.....................	Soucoupe.
Semouille....................	Semoule.
Sens-sus-dessous..............	Sens dessus dessous.
Sinon. Venez me voir, ou sinon je me fâcherai..................	Venez me voir, sinon, je me fâcherai.
Sorcilège...................	Sortilége.
Soubriquet...................	Sobriquet.
Soupoudrer..................	Saupoudrer.

NE DITES PAS :	DITES :
Substanter...............	*Sustenter.*
Sujestion...............	*Sujétion.*
Temple. Cet homme a été frappé à la *temple*...............	Cet homme a été frappé à la *tempe.*
Tête d'oreiller...............	*Taie* d'oreiller.
Têtière de lit...............	*Chevet.*
Trayer...............	*Trier.*
Trésoriser...............	*Thésauriser.*
Très-faim, très-soif...............	*Extrêmement faim, et extrêmement soif.*
Trois-pied...............	*Trépied.*
Tringue...............	*Tringle.*
Je vous avertis une fois *pour tous*...	Je vous avertis une fois *pour toutes*...
Vaille *qui* vaille...............	Vaille *que* vaille.
Venimeuse. La belladone est une plante *venimeuse*...............	La belladone est une plante *vénéneuse.*
Vergule...............	*Virgule.*
Vessicatoire...............	*Vésicatoire.*
Viorme...............	*Viorne.*
Volte. Pour gagner la partie, il faudrait que je fisse la *volte*........	Pour gagner la partie, il faudrait que je fisse la *vole.*

TABLE DES MATIÈRES.

Comment on forme le pluriel des noms.   2
Comment on forme le féminin et le pluriel des adjectifs.   11
Règle des adjectifs.   15
L'article. Adjectifs numéraux, démonstratifs, possessifs, indéfinis.   24
Pronoms personnels, démonstratifs, possessifs, relatifs, indéfinis.   29
Les auxiliaires et les quatre conjugaisons.   38
Accord du verbe avec le sujet.   52
Participe présent et participe passé.   60
Préposition, adverbe et conjonction.   76

RÈGLES PARTICULIÈRES.

Gens. Noms composés. Amour, délices, orgues. Mots tirés d'une langue étrangère. Noms propres.   79
Meilleur, moindre. Haut, mauvais, cher. Nu, demi, excepté. De *ou* des. Vingt, cent, mille. Même, tout, quelque.   83
Interrogation. Le, la, les. Leur *ou* leurs. Celle-ci, celle-là. A qui *ou* auquel.   90
Particularités de l'accord du verbe avec son sujet.   94
Emploi du subjonctif.   98
Infinitif et participe passé.   100
Près de *ou* prêt à. Dans *ou* dedans. Quand ou quant.   103
Récapitulation générale.   105
Exercices sur les homonymes.   121
Narrations et lettres, canevas.   154
Locutions vicieuses.   141

SAINT-CLOUD. — IMPRIMERIE DE Mme Ve BELIN.